O PROCESSO DE CONTRA-ORDENAÇÃO LABORAL E DE SEGURANÇA SOCIAL

MANUEL M. ROXO LUÍS C. OLIVEIRA

O PROCESSO DE CONTRA-ORDENAÇÃO LABORAL E DE SEGURANÇA SOCIAL

O PROCESSO DE CONTRA-ORDENAÇÃO
LABORAL E DE SEGURANÇA SOCIAL

AUTORES
MANUEL M. ROXO
LUÍS C. OLIVEIRA

EDITOR
EDIÇÕES ALMEDINA. SA
Av. Fernão Magalhães, n.º 584, 5.º Andar
3000-174 Coimbra
Tel.: 239 851 904
Fax: 239 851 901
www.almedina.net
editora@almedina.net

PRÉ-IMPRESSÃO | IMPRESSÃO | ACABAMENTO
G.C. GRÁFICA DE COIMBRA, LDA.
Palheira – Assafarge
3001-453 Coimbra
producao@graficadecoimbra.pt

Novembro, 2009

DEPÓSITO LEGAL
302623/09

Os dados e as opiniões inseridos na presente publicação
são da exclusiva responsabilidade do(s) seu(s) autor(es).

Toda a reprodução total ou parcial desta obra, por fotocópia
ou outro qualquer processo, sem prévia autorização escrita do Editor,
é ilícita e passível de procedimento judicial contra o infractor.

Biblioteca Nacional de Portugal – Catalogação na Publicação

ROXO, Manuel M., e outro

O processo de contra-ordenação laboral e
segurança social / Manuel M. Roxo, Luís
C. Oliveira. – (Legislação anotada)
ISBN 978-972-40-4053-0

I – OLIVEIRA, Luís C.

CDU   349
      347
      331

SIGLAS E ABREVIATURAS UTILIZADAS

Ac.	–	Acórdão
ACT	–	Autoridade para as Condições de Trabalho, cuja orgânica consta do Decreto-Lei n.º 326-B/2007, de 28-9
art.	–	Artigo
CC	–	Código Civil, aprovado pelo Decreto-Lei n.º 47.344, de 25 de Novembro de 1966, com diversas alterações
CCT	–	Convenção Colectiva de Trabalho
Cfr	–	Conforme, confirmar
CP	–	Código Penal, aprovado pelo Decreto-Lei n.º 48/95, de 15-3, com diversas alterações
CPA	–	Código do Procedimento Administrativo, aprovado pelo Decreto-Lei n.º 442/91, de 15-11, alterado pelo Decreto-Lei n.º 6/96, de 31-1
CPC	–	Código do Processo Civil, aprovado pelo Decreto-Lei n.º 44.129, de 28-12-1961, com diversas alterações
CPP	–	Código do Processo Penal, aprovado pelo Decreto-Lei n.º 78/87, de 17-2 com diversas alterações e republicação na Lei n.º 48/2007, de 29-8
CPT	–	Código de Processo do Trabalho, aprovado pelo Decreto-Lei n.º 480/99, de 9-9, com diversas alterações e republicação no Decreto-Lei n.º 295/2009, de 13-10
CRCSS	–	Código dos Regimes Contributivos do Sistema Previdencial da Segurança Social, aprovado pela Lei n.º 110/2009, de 16-9
CRP	–	Constituição da República Portuguesa
CT	–	Código do Trabalho, aprovado pela Lei n.º 7/2009, de 12-2
CT/2003	–	Anterior Código do Trabalho, aprovado pela Lei n.º 99/2003, de 27-8 e alterado pela Lei n.º 9/2006, de 20-3
DL	–	Decreto-Lei
DR	–	Diário da República
Estatuto da IGT	–	Decreto-Lei n.º 102/2003, de 2-6

IGT	– Inspecção-Geral do Trabalho
ISS	– Instituto de Segurança Social, I.P. cuja orgânica consta do Decreto-Lei n.º 214/2007, de 29-5
L	– Lei
LBSS	– Lei de Bases da Segurança Social aprovada pela Lei n.º 4/2007, de 16-1
LOFT	– Lei de Organização e Funcionamento dos Tribunais Judiciais – Lei n.º 3/99, de 13-1, na redacção dada pela Lei n.º 105/2003, de 10-12 mas com alterações, sendo a última o DL 303/2007
MP	– Ministério Público
NLOFT	– Lei de Organização e Funcionamento dos Tribunais Judiciais – Lei n.º 52/2008, de 28-8
OIT	– Organização Internacional do Trabalho
PGR	– Procuradoria-Geral da República
Port.	– Portaria
RCP	– Regulamento das Custas Processuais, aprovado pelo Decreto-Lei n.º 34/2008, de 26-2
RCT	– Lei de Regulamentação do Código de Trabalho – Lei n.º 35/2004, de 29-7, alterada pela Lei n.º 9/2006, de 20-3
RGCO	– Regime Geral das Contra-Ordenações aprovado pelo Decreto-Lei n.º 433/82, de 27-10 na redacção republicada pelo Decreto-Lei n.º 244/95, de 14-9 e posteriores alterações.
RJSST	– Regime Jurídico da Segurança e Saúde no Trabalho, aprovado pela Lei n.º 102/2009, de 10-9
RPCOLSS	– Regime Processual das Contra-Ordenações Laborais e de Segurança Social, aprovado pela Lei n.º 107/2009, de 14-9
RRATDP	– Regime da Reparação dos Acidentes de Trabalho e Doenças Profissionais, constante da Lei n.º 98/2009, de 4-9
STJ	– Supremo Tribunal de Justiça
TC	– Tribunal Constitucional
TRel	– Tribunal da Relação

SUMÁRIO

Introdução 11
O contexto do direito processual do trabalho 11
O objecto e a abordagem propostos do processo contra-ordenacional
laboral e de segurança social 15

1. O ilícito contra-ordenacional 17
   1.1. Breve nota sobre a evolução histórica 17
   1.2. Caracterização do direito de mera ordenação social 19

2. Princípios gerais 25
   2.1. Princípio da legalidade e da não retroactividade 25
   2.2. Princípio da tipicidade 26
   2.3. Princípio da culpa 26
   2.4. Princípio da jurisdição 27

3. Princípios do procedimento contra-ordenacional 29
   3.1. Princípio da oficialidade 29
   3.2. Princípio do contraditório e da garantia de defesa 30
   3.3. Princípio da investigação ou da verdade material 31

4. A marcha do procedimento das contra-ordenações laborais e de segurança social 33
   4.1. A fase de investigação e o auto de advertência 34
   4.2. A competência material e territorial 47
   4.3. O impulso processual: o auto de notícia e a participação .. 49
   4.4. A notificação ao arguido 53
   4.5. O pagamento voluntário 57
   4.6. A instrução e o exercício do direito de defesa 61
   4.7. A proposta de decisão final 64
   4.8. A impugnação judicial 67
   4.9. Os assistentes: a legitimidade dos sindicatos 69
   4.10. A prescrição do procedimento contra-ordenacional 72

4.11, A execução das coimas aplicadas e das custas 73
4.12, A prescrição da coima 73

5. Regime processual das contra-ordenações laborais e de segurança social 75
    Capítulo I – Objecto, Âmbito e Competência 75
    Capítulo II – Actos Processuais na fase Administrativa 82
    Capítulo III – Da Acção Inspectiva 87
    Capítulo IV – Tramitação Processual 91
        Secção I – Da fase administrativa 91
            Subsecção I – Processo especial 103
        Secção II – Fase judicial 105
    Capítulo V – Prescrição 115
    Capítulo V [VI] – Custas 120
    Capítulo VI [VII] – Disposições Finais 121

Referências bibliográficas 125

Bibliografia 127

Jurisprudência 129

Índice remissivo 135

"Quando se procede contra partes não ouvidas, ainda que se pronuncie o que é justiça, sempre se procede sem justiça ..."

In "Papel que fez o Padre António Vieira, estando em Roma, a favor dos christãos novos ... em 1671"

INTRODUÇÃO

O contexto do direito processual do trabalho

O presente livro tem por finalidade oferecer, de forma sistematizada e acessível, uma caracterização do regime jurídico do processo aplicável às contra-ordenações laborais e da segurança social. Propomo-nos, para tanto, situar esta ramificação do direito processual no contexto do sistema de normas com o qual se relaciona mais de perto, para depois seleccionar, concretizando, o tema e a abordagem proposta para o efeito.

A complexificação crescente do mundo do trabalho, a partir da primeira revolução industrial iniciada no séc. XIX, abalou profundamente os arquétipos tradicionais do direito e trouxe à luz do dia novos paradigmas e, consequentemente, novos institutos jurídicos para relevar, na ordem jurídica, a realidade social nascente e em constante movimento. As manifestações desse porvir estão longe de estar sedimentadas, são volumosas e tem uma natureza qualitativamente diversa:

– Uma relação jurídica laboral, desequilibrada no poder em que estão investidos os seus sujeitos, constituída em torno de uma organização produtiva vergada aos percalços da competição tendencialmente global, fazendo despontar a noção de contrato de trabalho apoiada num pressuposto de *favor laboratoris* e toda uma nova disciplina legal, a um tempo, típica do direito privado e do direito público;

– Uma explosão de novos actores sociais, fazendo emergir o direito colectivo do trabalho e o seu efeito mais característico,

ou seja, um sistema de produção de normas contratualizadas, mas com força jurídica da lei;
– A mercadorização da força de trabalho, suscitando a necessidade de garantir a subsistência numa vasta série de eventualidades de trajecto de vida em que os trabalhadores não percebem rendimento do trabalho, fez emergir os sistemas previdenciais e a relação jurídica contributiva, com uma forte relação de proximidade à relação de trabalho;
– A aceleração tecnológica com impactos na obsolescência das competências e das qualificações profissionais e no mercado de emprego, fazendo apelo a intervenções activas dos diversos actores sociais e dos poderes públicos;
– A irrefreável emergência da sinistralidade laboral, implicando mecanismos de gestão do risco profissional, suscita intervenções estruturadas de reparação de danos e de prevenção de riscos e fez despontar um direito das condições de trabalho cujo objecto de regulação ultrapassa e está para além da relação directa dos sujeitos primários da relação de trabalho.

Este enunciado, apesar de breve e sintético, evidencia bem a expressividade da dogmática que deve ser associada ao direito do trabalho, ao progressivo relacionamento do direito da segurança social com o direito público – designadamente o direito administrativo e o direito tributário –, mas assinala, também, o enorme potencial e a excepcional diversidade de conflitos de interesses antinómicos a que é necessário acorrer para lhes encontrar a adequada composição. Desta forma, o direito processual do trabalho, sem prejuízo de se integrar harmonicamente em outros sistemas de normas de natureza processual – o direito processual civil e o direito processual penal, sem passar ao lado do direito processual administrativo –, não podia deixa de ser, também, caracterizado por uma dogmática específica adequada às particularidades das tipologias de conflito alvo de abordagem. O direito processual do trabalho, na sua acepção mais ampla, abrange o conjunto do sistema de normas jurídicas, de natureza pública quando se trata de exercer a função jurisdicional do Estado, servindo de suporte à sequência de actos logicamente articulados entre si com vista a obter a composição dos interesses e a dirimir o conflito que o direito do trabalho e o direito da segurança social abordam no plano substantivo. Procura-se, assim, declarar o direito que lhe é presente e/ou executar o direito declarado.

Nesta acepção ampla, o direito processual de trabalho engloba, naturalmente, normas de processo diversas. O CPT que tem por objecto fundamental o litígio privado das partes individuais e colectivas da relação laboral, o acompanhamento de acções para reparação de danos emergentes de acidentes de trabalho e o contencioso das instituições de previdência mediante a intervenção de um tribunal de jurisdição especializada. O regime jurídico das contra-ordenações laborais e de segurança social reporta-se ao conflito de interesses entre os particulares e os bens jurídicos tutelados por normas de interesse e ordem pública na ordenação social. Finalmente, incluem-se, ainda, nesta categoria processual um conjunto de actuações diversas previstos no CT, nos quais se incluem as normas de procedimento a executar pelas partes da relação de trabalho como fases preparatórias de processos de decisão determinados (redução temporária da actividade e suspensão do contrato de trabalho, processos de despedimento com justa causa subjectiva e objectiva ...), bem como os necessários à superação de conflitos colectivos e individuais através de conciliação, mediação e arbitragem.

A especificidade do direito processual do trabalho, em sentido estrito, está bem patente num conjunto de princípios que se identificam no CPT e evidenciam a relação que mantém com as características da relação laboral e dos seus sujeitos. Desde logo, a hipervalorização da procura da conciliação entre partes que se verifica nas formas processuais que são previstas, seguindo uma tradição que vem desde a constituição dos árbitros-avindores no séc. XIX e se traduz no método mais eficaz e mais célere de resolução de conflitos. A previsão do patrocínio judiciário pelo MP releva da consideração de fragilidade de uma das partes da relação laboral na procura de justiça. A simplificação e a necessidade de celeridade processual têm expressão na definição de uma forma processual única: o processo comum. O suprimento oficioso de vícios e irregularidades por parte do juiz – podendo mandar aperfeiçoar qualquer peça processual ou corrigindo oficiosamente – coloca-o, não acima das partes como é característico do princípio do dispositivo típico do processo civil, mas antes ao serviço das partes e da procura de verdade material. O impulso processual e a indagação oficiosa nos processos de acidente de trabalho constituem uma adaptação que privilegia o acompanhamento a ser dado às vítimas e às suas famílias para garantia da conformidade do sistema de reparação de danos emergentes. A ampliação da base instrutória para além dos articulados oferecidos pelas partes e a possibilidade da condenação *extra vel ultra petita* evidenciam que o direito do trabalho, em grande medida, é de interesse e ordem pública. Os procedimentos cautelares previstos – suspensão de despedimento individual e colectivo, situações de perigo sério e iminente para a integridade física... – revelam a particular importância da resposta tempestiva a dar a certos incidentes da vida no trabalho.

Uma outra vertente do direito processual do trabalho que o CPT regula é o processo respeitante ao chamado direito penal do trabalho. Esta última forma de processo está, hoje em dia, sem objecto, na medida em que o legislador penal optou, numa diferente óptica sistémica do direito penal, pela substituição das transgressões pelas contra-ordenações que beneficiam de uma procedimentalização específica. Tais normas de processo relevam da necessidade de conferir celeridade à tramitação da disputa concernente à inobservância das normas que regulam os aspectos do direito do trabalho às quais o legislador quis dar atributos de direito público, afectando-lhes um esquema sancionatório público. É este o campo a que, doravante, nos dedicaremos com maior detalhe.

O objecto e a abordagem propostos do processo contra-ordenacional laboral e de segurança social

Os relatórios anuais de actividade da IGT (ano de 2006) e depois da ACT (ano de 2007) dão nota de um movimento de tramitação anual de contra-ordenações laborais que ronda os 30.000 processos[1]. Ora, um tal movimento reflecte um volume significativo de conflitos de interesse suscitados pela dimensão de ordem pública característica do direito do trabalho, normalmente associados ao incumprimento de obrigações a que empregadores e trabalhadores se encontram adstritos uns perante os outros e perante a comunidade em que se inserem, mas também a violação de deveres perante a Administração do Trabalho e, também, perante a Segurança Social. Parece, pois, justificada uma abordagem a este particular processo enquanto conjunto ordenado de actos que têm como fim a realização da justiça nesta particular lide. O presente livro tem por objectivo principal delinear as características fundamentais do procedimento das contra-ordenações laborais e da segurança social, com enfoque na sua fase de tramitação nas autoridades administrativas competentes: a ACT e o ISS. Anota-se que há mesmo autores, como mais adiante se verá, que consideram que é apenas na fase administrativa que se consubstancia o designado processo contra-ordenacional e é aí que, as mais das vezes, se esgota o seu objectivo. Nesta abordagem pretende, ainda, suscitar-se alguns dos problemas que o procedimento levanta para lhes apontar possíveis vias de solução, suportadas numa revisão da literatura que vai indicada na bibliografia, bem com na jurisprudência referenciada e listada no final.

Para o efeito, num primeiro momento, procurar-se-á caracterizar minimamente o ilícito contra-ordenacional enquanto realidade recente no direito positivo nacional, de forma a clarificar o sistema de normas jurídicas que são convocadas e poder perspectivar as ideias força que são relevantes para a análise do respectivo procedimento. Este é o propósito da temática constante do capítulo 1.

Num segundo momento centraremos a atenção nos princípios fundamentais deste processo na medida em que são eles que fornecem as linhas de orientação para a condução do respectivo procedimento. É o que se intenta fazer nos capítulos 2 e 3.

Abordaremos a *"marcha"* do procedimento contra-ordenacional laboral e da segurança social ou seja a forma como os actos processuais acontecem no curso de uma dada actuação no capítulo 4.

Finalmente, no capítulo 5 incluímos o texto legal do RPCOLSS no qual se introduzem anotações ao respectivo articulado.

MANUEL MADURO ROXO
LUÍS CLAUDINO DE OLIVEIRA

1
O ILÍCITO CONTRA-ORDENACIONAL

1.1. Breve nota sobre a evolução histórica

A progressiva intervenção do Estado na vida das sociedades modernas suscitou, entre outras, a necessidade de enquadrar a acção da sua Administração e de a dotar de instrumentos que lhe viabilizassem a eficácia das missões, crescentemente complexas, de ordenação do viver social. O conceito de contravenção ou transgressão, dentro do direito penal[2], foi a forma encontrada para satisfazer esse desiderato. A utilização de tal instrumento originou, com o decurso do tempo, um *"fenómeno da hiper-criminalização"*, acarretando a consequente hiper-solicitação dos tribunais para o que foi forçoso encontrar remédio[3]. O ilícito contra-ordenacional emerge, assim entre nós, na sequência dos desenvolvimentos doutrinais e dos anteprojectos de Código Penal do Professor Eduardo Correia (1915-1991)[4]. O direito de mera ordenação social conheceria expressão na nossa ordem jurídica com a publicação do DL 232/79, de 14-7, ainda na vigência do Código Penal de 1886 e, depois, foi substituído

---

[1] Cfr. o sítio *Internet* da ACT, www.act.gov.pt.
[2] O regime processual das contravenções e transgressões é específico e consta do DL 17/91, de 10-1.
[3] Dias, Jorge de Figueiredo (2007). *Direito Penal, Parte Geral*, pp. 155 e ss.
[4] Cfr. Correia, Eduardo (1973). Direito Penal e Direito de Mera Ordenação Social, *Boletim da Faculdade de Direito da Universidade de Coimbra*, Vol. XLIX, pp. 257-281.

e pela disciplina do actual RGCO, incluindo aperfeiçoamentos que foram sendo introduzidos[5]. O legislador constitucional, por outro lado, suscita a intervenção do parlamento para este efeito e apenas permite criar duas categorias de ilícitos penais: os crimes e as contra--ordenações (cfr art. 165.º/1-c-d da CRP). *A contrario,* proíbe-se, por esta via, a criação de contravenções pois que o legislador penal, se o fizesse, violaria *"o princípio material do numerus clausus na definição da repartição das infracções penais."*[6]

O regime geral das contra-ordenações conheceu, então, uma série de desenvolvimentos específicos de acordo com as necessidades de abordagem sectorial, designadamente nos domínios fiscal, ambiental, estradal, turismo, segurança social, laboral, etc. As contra--ordenações laborais tiveram a sua primeira consagração com o DL 491/85, de 26-11, sofreram uma alteração significativa com a L 116/99, de 4-8, e uma renovação de estrutura no CT/2003. Actualmente o CT vigente introduz algumas alterações e remete para diploma específico, o RPCOLSS[7], o procedimento das contra-ordenações laborais. No domínio, o direito da segurança social, após um período de indefinição quanto à necessidade de um regime próprio e devidamente sistematizado, veio a conhecer a sua primeira experiência neste âmbito com a publicação, em 1989, do *"regime da contra-ordenações no âmbito do regime de segurança social"* (art. 1.º/1 do DL 64/89, de 25-2). A unificação dos regimes jurídicos processuais das contra-ordenações laborais e das contra-ordenações de segurança social teve como principal justificação *"a atribuição de competências à*

---

[5] O RGCO – Regime Geral das Contra-Ordenações consta do DL 433/82, de 27-10 que foi reformulado e aperfeiçoado pelos DL 356/89, de 17-10, DL 244/95, de 14-9 e pela L 109/2001 de 24-12. O DL 323/2001 introduziu, ainda, uma última alteração ao estabelecer a conversão dos valores fixados em escudos em euros.

[6] Cfr. Costa, José de Faria (2001). Crimes e Contra-Ordenações, *Questões Laborais* n.º 17.

[7] O RPCOLSS – Regime Processual das Contra-ordenações Laborais e de Segurança Social foi aprovado pela L 107/2009.

Autoridade para as Condições do Trabalho (ACT) e aos serviços do Instituto da Segurança Social, IP (ISS,IP) para qualquer deles poder intervir na identificação de situações de dissimulação de contrato de trabalho, de forma a prevenir e a desincentivar o incumprimento dos deveres sociais contributivos das empresas e a garantir o direito dos trabalhadores à protecção conferida pelo sistema de segurança social." Entendeu-se, assim, importante criar "*os mecanismos e as condições que permitam aos serviços envolvidos dispor dos instrumentos legais que os habilitem, designadamente, a exercer uma acção fiscalizadora, simultaneamente, eficaz e preventiva, no combate à utilização abusiva dos falsos recibos verdes.*"[8]

1.2. Caracterização do direito de mera ordenação social

O direito de mera ordenação social conhece hoje uma identidade dogmática própria que se expressa nas características atinentes ao tipo de ilícito, a uma diversa concepção da culpa e a uma diferente natureza da sanção. A doutrina considera a este propósito uma diver-

---

[8] Cfr. a exposição de motivos da Proposta de Lei n.º 282/X do Governo à Assembleia da República, *in* Diário da Assembleia da República, II série A n.º 115/X/4 2009-05-16. Já os subscritores do "*Acordo Tripartido para um Novo Sistema de Regulação das Relações Laborais, das Políticas de Emprego e da Protecção Social em Portugal*", assinado na CPCS – Comissão Permanente da Concertação Social, em 25 de Junho de 2008, haviam entendido que o quadro legal vigente devia ser *reforçado* por forma a "*simplificar a tramitação administrativa do procedimento contra-ordenacional*" (4.5), "*estabelecer mecanismos dissuasores do incumprimento de pagamento tempestivo das coimas aplicáveis a infracções laborais, através da necessidade de prestação de caução como condição para a impugnação judicial da condenação contra-ordenacional*" (4.3) e "*reforçar o quadro de sanções acessórias*" (4.4), entre outros aspectos. No mesmo documento perspectivava-se, determinar a competência tanto da ACT como do "*serviço de fiscalização da Segurança Social para, no mesmo procedimento, aplicar as sanções correspondentes às infracções de falta de inscrição do trabalhador na segurança social e trabalho dissimulado*" (cfr. 5.1 e 5.2).

sidade de posições considerável que não cabe explorar na economia deste texto[9]. Todavia sempre se poderá dizer que, diferentemente do ilícito penal que visa garantir aquele *"mínimo ético"* sem o qual a vida em sociedade é impossível, os bens jurídicos protegidos pelo ilícito contra-ordenacional correspondem a uma valoração que o legislador faz das necessidades de manutenção de uma certa ordem social. O ilícito contra-ordenacional é, pois, um *"aliud"* e não apenas um *"minus"*, já que *"não tem que ser reduzido a infracções bagatelares"*[10]. A exigência de culpa é fundada na responsabilidade social do agente e expressa-se no nexo psicológico entre o facto cometido e o seu autor. Não se trata pois, de uma imputação à personalidade do agente e à sua atitude interna, como acontece no direito penal. Finalmente, a sanção especificamente prevista, a coima, tem natureza eminentemente patrimonial (art. 17.º do RGCO), podendo a lei prever também sanções acessórias (art. 21.º do RGCO). Em qualquer caso, a coima traduz-se fundamentalmente numa medida de coerção que visa obter o cumprimento do dever legalmente prescrito.

É assim que os princípios constitucionais materiais e orgânicos da legislação contra-ordenacional e da legislação penal têm referenciais distintos entre si. Ao contrário do direito penal, *"... só a lei relativa ao regime geral dos ilícitos do direito de mera ordenação social e não propriamente a concreta definição dos comportamentos que as contra-ordenações possam proibir tem de se sustentar em lei emanada da Assembleia da República ou em lei de autorização"*[11] (cfr art. 165º/1-c-d da CRP).

Não obstante, o grau de autonomia do direito contra-ordenacional é relativo na medida em que as normas do CP são aplicáveis subsidiariamente no que respeita à fixação do respectivo regime substantivo (art. 32.º do RGCO), uma vez que se trata de

---

[9] Cfr. a síntese feita por Ribeiro, João Soares (2003). *Contra-Ordenações Laborais* (2.ª Ed), pp. 25 e ss.

[10] Cfr. Dias, Jorge de Figueiredo (2007). *Direito Penal, Parte Geral*, p. 163.

[11] Cfr. Costa, José de Faria (2001). Crimes e Contra-Ordenações, *Questões Laborais* n.º 17.

direito sancionatório de carácter punitivo. São, assim aplicáveis princípios típicos do direito penal – da legalidade, da tipicidade, da proibição da analogia e da aplicação da lei mais favorável a lado das garantias conferidas ao arguido[12] e que adiante abordaremos.

Neste quadro, a noção de contra-ordenação laboral (art. 548.º do CT) e de segurança social (art. 221.º do CRCSS) incorpora quatro elementos capitais, a saber:

i. Pressupõe uma tipificação legal (art. 1.º do RGCO);

ii. Constitui um facto ilícito e censurável ainda que a título de negligência, que é sempre punida nestas contra-ordenações (art. 550.º do CT e art. 228.º do CRCSS), afastando-se a ideia de responsabilidade objectiva;

iii. Os sujeitos destas contra-ordenações são, em regra mas não exclusivamente, os sujeitos da relação jurídico-laboral (art. 551.º/1 do CT) e da relação contributiva (art. 221.º do CRCSS) ou das relações que se estabeleçam no âmbito de sistemas de segurança social (art. 2.º/1-b do RPCOLSS) enquanto titulares do *"chamado direito à segurança social e a relação jurídica complexa e poligonal que o concretiza"*[13], designadamente, *"os beneficiários, contribuintes e estabelecimentos de apoio social"* (art. 5.º/5 do DL 214/2007);

iv. A infracção prescrita é cominada com coima (art. 1.º do RGCO, *in fine*).

---

[12] Cfr. Martinez, Pedro Romano (2006). *Direito do Trabalho* (3.ª Ed), pp. 1238 e ss.

[13] Cfr. Miranda, Jorge e Medeiros, Rui (2005). *Constituição Portuguesa Anotada, Tomo I*, p. 634.

Regime geral de segurança social	Regime geral laboral	Regime de procedimento unificado
CRCSS (L 110/2009)	Código do Trabalho (L 7/2009)	RPCOLSS (L 107/2009)
RGIT (L 15/2001)		
Art. 1º a 32º do RGCO (DL 433/82)		Art. 33º ss do RGCO (DL 433/82)
Código Penal		Código do Processo Penal

Ilustração 1: Quadro legal das contra-ordenações laborais e de segurança social

Esta identidade dogmática do direito de mera ordenação social tem, também, expressão no plano processual, onde se podem evidenciar as seguintes características principais[14]:

i. A competência para aplicar as coimas é atribuída às autoridades administrativas;

ii. Há controlo judicial das decisões das autoridades administrativas, mas apenas por via de recurso de impugnação (art. 59.º do RGCO) para um tribunal de primeira instância e eventual recurso para o tribunal da relação;

iii. A instituição de garantias constitucionais típicas do direito penal, designadamente os princípios da legalidade, da aplicabilidade da lei mais favorável e do direito de audiência do arguido (art. 32.º/10 da CRP e art. 2.º, 3.º, 43.º e 50.º do RGCO);

iv. A tramitação processual é simplificada e estruturada em obediência a finalidades de eficácia e de celeridade;

---

[14] Cfr. Assento n.º 1/2003 do STJ de 16-10-2002, *in* DR 1.ªS-A, de 25-1-2003.

v. A subsidiariedade do direito processual penal, cujos preceitos devem ser aplicados, mas devidamente adaptados (art. 41.º/1 do RGCO).

Esta última característica – a expressa subsidiariedade do direito processual penal – e o facto de, pela sua natureza, o processo contra-ordenacional correr os seus termos no seio da Administração Pública tem suscitado, não raras vezes, a questão de se saber da aplicabilidade do CPA, o qual a propósito dispõe (art. 2.º/7): *"No domínio da actividade de gestão pública, as restantes disposições..."* do CPA *"...aplicam-se supletivamente aos procedimentos especiais, desde que não envolvam diminuição das garantias dos particulares."* Procedimentos especiais serão *"todos aqueles cuja tramitação esteja estabelecida na lei, mais ou menos minuciosamente para a prática de uma certa categoria de actos ..."*, designadamente o procedimento contra-ordenacional. O que importa salientar é que esta aplicabilidade supletiva do CPA reside na existência ou inexistência de uma verdadeira lacuna de regulamentação[15]. Esta questão foi tratada pela jurisprudência que clarificou que *"... será justamente na «devida adaptação» dos «preceitos reguladores do processo criminal» à actividade das autoridades administrativas no «processo de aplicação da coima» que «devem» considerar-se – sob pena de «adaptação indevida» os preceitos correspondentes do procedimento administrativo"* [16]. Tal é o caso, em especial, da fundamentação da decisão final do processo por remissão para a proposta (art. 125.º do CPA) e do controlo de competência material (art. 33.º/1 do CPA). Ora, assim sendo, não há lugar a recurso hierárquico das decisões tomadas na fase do processo que decorre nas autoridades administrativas, sejam elas finais ou intermédias (art. 59.º/1 e 55.º/1 do RGCO)[17].

---

[15] Oliveira, Mário Esteves *et al* (2003). *Código do Procedimento Administrativo Comentado*, (2.ª Ed), pp. 76 e ss.

[16] Cfr. o Assento n.º 1/2001 do STJ, de 8-3-2001, in DR 1.ªS-A, de 20-4-2001, o Assento n.º 1/2003 do STJ, de 16-10-2002, in DR 1ªS-A, de 25-1-2003.

[17] Cfr. Ribeiro, João Soares (2003). *Contra-Ordenações Laborais* (2.ª Ed), p. 142; cfr o Assento n.º 1/2003 do STJ, de 16-10-2002.

2
PRINCÍPIOS GERAIS

O surgimento do direito contra-ordenacional relaciona-se com razões de melhoria sistemática do direito penal. Como direito sancionatório que é, os seus princípios encontraram as suas fontes no direito penal com o qual tem uma relação de subsidiariedade (art. 32.º do RGCO). Todavia, tais princípios sofrem adequações de geometria variável à dogmática própria do direito contra-ordenacional.

2.1. Princípio da legalidade e da não retroactividade

O princípio da legalidade significa que só pode ser punido como contra-ordenação o facto descrito e declarado passível de coima por lei anterior ao momento da sua prática. Este princípio está expressamente consagrado no RGCO (art. 2.º e 43.º). Tal como no direito criminal, não é possível atribuir eficácia retroactiva a factos que, no momento da sua prática, não estão caracterizados pela lei como infracção penal ou, no caso, contra-ordenacional (art. 3.º do RGCO). O princípio da não retroactividade conhece excepção em caso de sucessão da lei no tempo se a lei nova for mais favorável ao arguido.

São ainda corolário do princípio da legalidade da administração (art. 266.º/2 da CRP) a obediência aos princípios da igualdade – proibição da discriminação seja quanto à organização do processo, seja quanto à decisão tomada –, da proporcionalidade – a proibição do excesso, não causando mais constrangimento que o necessário para atingir os objectivos da lei –, da imparcialidade – a utilização de critérios objectivos – e da boa fé – ausência de reserva mental na relação com os administrados e respeito pela confiança associada a anteriores actuações. Este princípio significa, ainda, que está afastado o princípio da oportunidade pelas autoridades administrativas[18].

2.2. Princípio da tipicidade

Apenas constitui contra-ordenação um *"facto ilícito e censurável que preencha um tipo legal no qual se comine uma coima"* (art. 1.º do RGCO). Tal como no direito penal é proibida a analogia para caracterizar um dado facto como contra-ordenação. Todavia, diversos autores têm chamado a atenção para o facto de que a tipificação contra-ordenacional não segue a técnica legislativa rigorosa do direito penal cujas normas tipificadoras contêm a previsão, a estatuição e a sanção, assinalando-lhe, até, características de *"maleabilidade"*[19]. O legislador laboral utilizou, muitas vezes, uma técnica remissiva para definir os tipos legais de contra-ordenação que se demonstrou não isenta de falhas por via da consagração de normas imperfeitas. A técnica legislativa agora usada no CT, no RJSST e no CRCSS de ordenação sequencial dos tipos legais e respectivas sanções nos articulados, perspectiva melhorias neste domínio.

2.3. Princípio da culpa

A definição do tipo legal de contra-ordenação supõe a formulação de um juízo de censura (art. 1.º do RGCO), isto é, uma imputação a título de culpa (art. 8.º do RGCO), na qual releva o erro sobre

---

[18] Neste sentido, cfr. Ribeiro, João Soares (1998). Da Legalidade e da Oportunidade da Actuação da Inspecção do Trabalho, *Questões Laborais* n.º 11.

[19] Cfr. Ribeiro, João Soares (2003). *Contra-Ordenações Laborais* (2.ª Ed), p. 54.

a proibição (art. 9.º do RGCO). Não é, pois, possível considerar contra-ordenações suportadas na responsabilidade objectiva. Como já se referiu a culpa, no caso da contra-ordenação, não se reporta ao mecanismo interno de decisão dirigido à cesura ético-pessoal, mas reporta-se ao nexo entre o facto e a responsabilidade social do seu autor[20]. A jurisprudência tem vindo a reafirmar que *"não constando na factualidade apurada de uma decisão de autoridade administrativa, em processo de contra-ordenação laboral, que a arguida agiu com dolo ou negligência, essa factualidade é insuficiente para integrar a contra-ordenação imputada à arguida, devendo esta ser absolvida da mesma"*[21]. No caso das contra-ordenações laborais e de segurança social apresenta-se uma especificidade: a negligência é sempre punível (art. 550.º do CT e art. 228.º do CRCSS), sem que isso signifique uma presunção de negligência[22].

2.4. Princípio da jurisdição

A função de o Estado fazer actuar o direito de mera ordenação social aos casos concretos não é exclusivamente conferida aos tribunais como é de regra e, por maioria de razão, no Direito Penal (cfr art. 202.º e art. 32.º/4/9 da CRP). Esta é, porventura, a característica mais distintiva do direito de mera ordenação social, na medida em que a aplicação das coimas e das sanções acessórias é cometida às autoridades administrativas (art. 33.º do RGCO), sem prejuízo da garantia de recurso à impugnação judicial da decisão administrativa (art. 59.º do RGCO), da apreensão (art. 83.º ss. do RGCO) e da tramitação da execução (art. 88.º ss. do RGCO).

---

[20] Figueiredo Dias *in* Ribeiro, João Soares (2003). *Contra-Ordenções Laborais* (2.ª Ed), p. 52.

[21] Ac. TRel de Évora, Proc. 1194/04-3, de 8-6-2004.

[22] Neste sentido, Ribeiro, João Soares (2003). *Contra-Ordenações Laborais* (2.ª Ed), pp. 80 e ss.

Nas contra-ordenações laborais o procedimento e a aplicação da coima compete à ACT (art. 2.º/1-a do RPCOLSS e art. 3.º/2-l do DL 326-B/2007) e nas contra-ordenações de segurança social compete ao ISS (art. 2.º/1-b do RPCOLSS, art. 248.º/1 do CRCSS e art. 3.º/2-v do DL 214/2007), sendo a instância de recurso o tribunal de trabalho (art. 34.º do RPCOLSS e art. 87.º da LOFT).

3
PRINCÍPIOS DO PROCEDIMENTO CONTRA-ORDENACIONAL

Decorre do exposto que o processo contra-ordenacional se organiza em torno de duas grandes fases sequenciais: a fase administrativa que corre perante a autoridade administrativa (art. 33.º a 58.º do RGCO) e a fase judicial que corre perante o tribunal (art. 59.º a 82.º do RGCO). Há, todavia, quem questione a ocorrência de duas fases, sem que desse questionamento resultem consequências práticas, considerando que *"a fase administrativa é a única que se compadece com a natureza própria do ilícito de mera ordenação social, pelo que o processo de contra-ordenação se esgota na Administração Pública"*[23].

3.1. Princípio da oficialidade

"O princípio da oficialidade do processo significa que a iniciativa e prossecução processuais pertencem ao Estado"[24] através das autoridades administrativas (art. 33.º e 54.º do RGCO), mais propriamente da ACT (art. 2.º/1-a do RPCOLSS) no caso das contra-ordenações laborais e do ISS (art. 2.º/1-b do RPCOLSS e art. 248.º/1 do CRCSS) no caso das contra-ordenações de segurança social. O pro-

---
[23] Correia, João (2000). Direito Penal Laboral, *Questões Laborais* n.º 15.
[24] Silva, Germano Marques da (2008). *Curso de Processo Penal I* (5.ª Ed), pp. 70 e ss.

cesso inicia-se, assim, oficiosamente mediante notícia da infracção por parte dos inspectores do trabalho ou da segurança social (art. 13.º do RPCOLSS), de outras autoridades que detenham competências de fiscalização ou, ainda, de denúncia de particular. Após este momento, a ACT e o ISS, consoante os casos, conduzem o processo nas suas várias fases até à decisão de aplicar, ou não, a coima. Na fase judicial a promoção do processo compete ao MP (art. 62.º do RGCO e art. 37.º do RPCOLSS).

A este propósito assinala-se uma peculiaridade ao processo contra-ordenacional laboral e de segurança social que resulta do facto de, para as situações *"de prestação de actividade por forma aparentemente autónoma em condições características de contrato de trabalho"* (art. 2.º/2 do PPCOLSS e art. 248.º/2 do CRCSS), a competência para o procedimento e decisão contra-ordenacional que ao caso seja aplicável pertencer a ambas as entidades. Para colmatar a possibilidade de contradição do princípio *ne bis in idem*, ambas as entidades devem comunicar-se acerca dos procedimentos em curso e das coimas aplicadas (art. 62.º/1 do RPCOLSS).

3.2. Princípio do contraditório e da garantia de defesa

Ao arguido são assegurados, no processo contra-ordenacional, direitos de audiência e defesa (art. 32.º/10 da CRP) que devem ser concretizados num prazo razoável para que lhe seja possível pronunciar-se sobre a contra-ordenação que lhe é imputada, bem como sobre a sanção ou sanções em que incorre (art. 50.º do RGCO). Ora esta constatação implica que o direito de defesa deva ser entendido em toda a sua amplitude de forma a permitir ao arguido conhecer todo o teor da acusação, oferecer contraprova, requerer patrocínio judiciário (cfr art. 32.º/3 da CRP), sob pena de nulidade do processo[25].

---

[25] Ribeiro, João Soares (2003). *Contra-Ordenações Laborais* (2.ª Ed), pp. 156 e ss.

A autoridade administrativa deve, mesmo, nomear defensor oficioso *"sempre que as circunstâncias do caso revelarem a necessidade ou a conveniência de o arguido ser assistido"* (art. 53.º do RGCO), isto é, de uma forma geral *"naqueles casos que se revelem particularmente complexos seja no plano fáctico, seja no jurídico"*[26]. Este princípio tem expressa consagração relativamente à fase de investigação, a qual é, por natureza, menos formalizada que a instrução contra-ordenacional subsequente. Nesta fase de investigação prescreve-se a observância do princípio e o dever de informação à entidade objecto de intervenção sobre a condução da acção inspectiva que esteja em curso (art. 12.º do DL 276/2007, de 31-7)[27], sem prejuízo dos deveres de sigilo que sejam aplicáveis ao caso[28].

3.3. Princípio da investigação ou da verdade material

O procedimento contra-ordenacional inclui uma fase de instrução (art. 54.º/2/3 e 55.º do RGCO), no decurso da qual se deverão realizar todas as diligências necessárias ao apuramento e sedimentação dos factos requeridos à tomada da decisão final por parte da autoridade administrativa, designadamente os factos que constituem a contra-ordenação, os seus agentes e grau de responsabilidade, circunstâncias relevantes para determinar a medida da coima, etc.[29]

---

[26] Cfr. Ac. TRel do Porto, Proc. 9610912, de 4-6-1997.

[27] Quanto aos deveres de informação específicos dos inspectores do trabalho, cfr. art. 12.º/2 da Convenção n.º 81 da OIT, o art. 16.º/3 e 18.º/4 da Convenção n.º 129 da OIT e os art. 12.º e 18.º do Estatuto da IGT. As convenções referidas foram ratificadas por Portugal, respectivamente, através do DL 44.148, de 6-1-1962 e do Dec. 91/81, de 30-4.

[28] Quanto aos deveres de sigilo específicos dos inspectores de trabalho, cfr o art. 15.º da Convenção n.º 81 da OIT, o art. 20.º da Convenção n.º 129 da OIT e o art. 21.º do Estatuto da IGT.

[29] Ribeiro, João Soares (2003). *Contra-Ordenações Laborais* (2.ª Ed), p. 158.

Neste contexto, são de considerar os limites à utilização de meios de prova e a proibição de determinados métodos de obtenção da prova (art. 32.º/8 da CRP e art. 126.º do CPP), salientando-se especificamente, no processo contra-ordenacional, a proibição da intromissão na correspondência ou nos meios de telecomunicação, do uso de provas que impliquem a violação do segredo profissional, que colidam com a reserva da vida privada (a inviolabilidade do domicílio e lugares de acesso reservado...) e os exames corporais e prova de sangue sem consentimento do agente infraccional (art. 42.º do RGCO).

Este processo tem, pois, fortes ressonâncias do princípio do inquisitório, muito embora com limitações de diverso tipo, designadamente as enunciadas e as referidas a propósito do princípio do contraditório. Uma outra manifestação do princípio do inquisitório reside no facto de ser a mesma entidade, a autoridade administrativa, que realiza a instrução e procede à decisão de aplicação da coima, pois que nada *"impede que a entidade julgadora tenha exercido funções de investigação preliminar e de acusação de infracções."*[30] Esta característica tem, todavia, alguma mitigação: o autuante ou o participante não pode exercer funções instrutórias no mesmo processo de contra-ordenação laboral (art. 16.º do RPCOLSS).

---

[30] Cfr. Ac. TRel de Lisboa, Proc 0049354, de 25-9-2002.

4
A MARCHA DO PROCEDIMENTO DAS CONTRA-ORDENAÇÕES LABORAIS E DE SEGURANÇA SOCIAL

O procedimento das contra-ordenações laborais e de segurança social, na sua fase administrativa, conhece as seguintes fases fundamentais: a investigação, a instauração, a instrução e a decisão de aplicação da coima. As Ilustrações 3, 4 e 5 que figuram adiante contêm diagramas simplificados das tramitações processuais (art. 13.º a 27.º do RPCOLSS) das contra-ordenações laborais (Ilustração 3), das contra-ordenações da segurança social (Ilustração 4) e do processo especial (art. 28.º a 31.º do RPCOLSS), criado de novo, para ambas as contra-ordenações (Ilustração 5).

A esta fase segue-se uma fase jurisdicionalizada que corresponde *"à impugnação contenciosa da decisão administrativa... com a intervenção de um juiz de primeira instância"* e eventual recurso para o Tribunal da Relação[31], a qual, na economia deste texto, não é objecto de abordagem, sem prejuízo das anotações que se inserem no capítulo 5.

---

[31] Cfr. Parecer n.º 19/2001, de 22-11-2001 da PGR, *in* DR, 2.ªS, de 8-2-2002.

4.1. A fase de investigação e o auto de advertência

A fase de investigação corresponde ao labor correntemente executado pelos inspectores do trabalho e da segurança social junto das empresas e dos sujeitos do sistema de segurança social.

No caso dos inspectores de trabalho a respectiva regulação reporta-se a normas internacionais: a Convenção n.º 81 da OIT sobre a Inspecção do Trabalho de 1947 e a Convenção n.º 129 da OIT sobre a Inspecção do Trabalho na Agricultura, de 1969[32], ratificadas por Portugal, respectivamente, através do DL 44.148, de 6-1-1962 e do Dec. 91/81, de 30-4. No plano do direito nacional essa regulação tem tradução no Estatuto da IGT. Importa salientar que a investigação se realiza num contexto mais vasto de funções (cfr a Ilustrações 2) atribuídas aos inspectores do trabalho e ao sistema de inspecção do trabalho (art. 3.º/1 e 5.º da Convenção n.º 81 e art. 6.º e 12.º da Convenção n.º 129) a saber:

i. A função de assegurar o cumprimento das disposições legais que se apoia numa actividade de controlo inspectivo (inspecção em sentido estrito) junto das empresas, no decurso da qual se realiza a actividade de investigação;

ii. Uma função de informação e conselho junto de empregadores e trabalhadores e respectivos representantes sobre as melhores formas de concretizar os comandos legais, que pode concretizar-se nos locais de trabalho ou fora deles;

iii. Uma função de cooperação com as organizações de empregadores e de trabalhadores, bem como de outras entidades

---

[32] Estas duas Convenções da OIT foram antecedidas pela Recomendações n.º 5, de 1919 (já derrogada) e n.º 20, de 1923 (ainda vigente) sobre o mesmo tema. O conteúdo de ambas as convenções foi desenvolvido, respectivamente, pelas Recomendações n.º 81, de 1947 sobre a Inspecção do Trabalho, n.º 82, de 1947 sobre a Inspecção do Trabalho (minas e transportes) e n.º 133, de 1947 sobre a Inspecção do Trabalho (agricultura), todas da OIT. O Protocolo, de 1995 relativo à Convenção n.º 81 sobre a Inspecção do Trabalho não foi objecto de ratificação por parte de Portugal.

públicas ou privadas, que prossigam finalidades similares, para que se desenvolva o conhecimento sobre a legislação do trabalho, sobre as questões de segurança e saúde do trabalho, se disseminem orientações e se divulguem boas práticas nesse sentido;

iv. E, apesar de pouco exercida, uma função de informação junto das autoridades que detêm competência legislativa (o Governo, a Assembleia da República), ou de produção de disposições com conteúdo normativo (a negociação colectiva de trabalho), tendo em vista chamar a atenção *"para as deficiências ou abusos que não estejam especificamente previstos nas disposições legais em vigor"*.

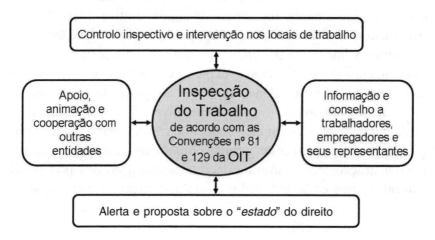

Ilustração 2: Funções de inspecção do trabalho

De entre aquelas funções a que carece de maior detalhe de abordagem e problematização é a do controlo inspectivo nos locais de trabalho, quer pelo seu carácter intrusivo na vida das pessoas e das organizações, quer por ser consubstancial à fase de investigação do procedimento contra-ordenacional. Para tanto, importa, desde logo, convocar a ideia de que a Administração está subordinada à lei, a qual tem como destinatários tanto os seus próprios órgãos e agentes, como os cidadãos, as empresas e as organizações em geral. É o regime da legalidade democrática (art. 3.º/2 da CRP) do qual resulta, como corolário, uma concepção da lei como expressão da vontade geral. Daqui decorre o carácter subordinado da Administração Pública ao princípio da legalidade (art. 266.º e ss da CRP). Relevam neste contexto o conjunto de normas orgânicas que regulam as atribuições e a organização interna dos diversos serviços e organismos, de normas funcionais que regulam o modo de agir de específico da Administração Pública, estabelecendo processos de funcionamento, métodos de trabalho, tramitação a seguir, formalidades a cumprir, etc. (art. 267.º/5 CRP) e de normas relacionais que disciplinam as relações entre a administração e os outros sujeitos de direito no desempenho da actividade administrativa. Incumbindo à Administração prosseguir o interesse público, o qual deve ter primazia sobre os interesses privados – ressalvados que sejam os direitos fundamentais dos particulares – exige-se que a Administração disponha de poderes de autoridade para impor aos particulares as soluções de interesse público que forem indispensáveis. Todavia, a salvaguarda do interesse público implica também o respeito por variadas restrições e o cumprimento de grande número de deveres a cargo da Administração, bem como a concreta delimitação dos poderes de autoridade que estão colocados à sua disposição, a cada órgão ou agente e são funcionalmente necessários e adequados à consecução da sua missão específica.

O regime jurídico geral da actividade de inspecção, auditoria e fiscalização consta do DL 276/2007 de 31-7 e desdobra-se num conjunto de estatuições de que se destacam os poderes dos inspectores (art. 16.º) e as normas de deontologia profissional (art. 20.º), abrangendo os serviços da administração do Estado a quem tenha sido cometida tal missão. Todavia este regime jurídico contempla a salvaguarda de regimes especiais, como é o caso dos inspectores da segurança social e dos inspectores do trabalho, nos termos já referidos.

Dos poderes configurados para os inspectores da segurança social (art. 10.º/2 do RPCOLSS e art. 11.º e 20.º do DL 214/2007) poderem exercer as suas funções destacam-se os seguintes:

i. Aceder aos serviços e instalações das entidades públicas e privadas sujeitas ao exercício das suas atribuições;

ii. Consultar, requisitar e copiar a documentação necessária à consolidação e prova dos factos que possam constituir infracção;

iii. Notificar empregadores, trabalhadores, beneficiários ou cidadãos em geral para proceder à recolha de testemunho;

iv. Dispor de recursos para apoio à sua acção – instalações, material, equipamento e colaboração de pessoas – disponibilizado pelas entidades fiscalizadas;

v. Impulsionar processos de sancionamento com vista à aplicação de coimas através do levantamento de auto de notícia ou de participação, nos casos de violação de preceitos legais que lhes incumba fazer cumprir.

Os inspectores do trabalho, para o exercício da sua acção, no âmbito da missão de controlo e investigação estão constituídos em agentes de autoridade pública – manifestada no cartão de identificação de que são titulares – e traduz-se fundamentalmente na possibilidade, legalmente configurada, de exercício de um conjunto de poderes[33] (art. 12.º e 13.º da Convenção n.º 81, art. 16.º, 18.º e 22.º da Convenção n.º 129 e art. 10.º e 11.º do Estatuto da IGT) dos quais se destacam:

---

[33] A estes poderes estão associados um conjunto de princípios e regras de deontologia, designadamente quanto ao sigilo profissional sobre a fonte de denúncia e sobre os processos de trabalho ou "*segredos de negócio*" com os quais contacte e quanto às incompatibilidades profissionais (art. 15.º da Convenção n.º 81 e art. 20.º da Convenção n.º 129 ambas da OIT e art. 21.º e 22.º do Estatuto da IGT). Têm, ainda, cabimento neste plano as considerações feitas a propósito do princípio da legalidade.

i. Entrar livremente, sem aviso prévio, a qualquer hora do dia ou da noite em todos os estabelecimentos sujeitos à sua acção, com a excepção dos domicílios pessoais[34], devendo informar da sua presença a entidade patronal ou o seu representante, a menos que esse aviso, no seu entender, possa prejudicar a eficácia da sua intervenção;

ii. Proceder a todos os exames, inspecções ou inquéritos julgados necessários, designadamente:
   – Interrogar, quer a sós, quer na presença de testemunhas, o empregador ou os trabalhadores, os quais, se assim o entenderem, podem fazer-se acompanhar de advogado;
   – Pedir todos os livros, registos e documentos da empresa que sejam necessários à sua acção, para consulta imediata ou nos Serviços da ACT, bem como deles fazer cópia ou extrair quaisquer apontamentos;
   – Exigir a afixação de mapas nos casos em que a lei assim o determinar;
   – Recolher e levar para análise amostras de matérias e substâncias utilizadas ou manipuladas, dando de tal facto conhecimento à entidade patronal ou ao seu representante.

iii. Impor medidas imediatamente executórias, nos casos de perigo grave e iminente para a segurança e a saúde dos trabalhadores, designadamente de limitar o acesso de certas categorias de trabalhadores a certos lugares, de interditar o emprego de alguns produtos, de fazer evacuar certos locais, de fazer cessar certas actividades ou, mesmo, de encerrar o estabelecimento, as quais, não sendo observadas, podem fazer incorrer os seus destinatários no crime de desobediência (art. 348.º do CP).

iv. A impulsionar processos de sancionamento aos empregadores com vista à aplicação de coimas através do levantamento de auto de notícia ou de participação, nos casos de violação de preceitos legais que lhes incumba fazer cumprir.

De acordo com as normas internacionais referidas (art. 13.º e 17.º da Convenção n.º 81 e art. 18.º e 22.º da Convenção n.º 129), os inspectores do trabalho podem *"ordenar que sejam feitas dentro de determinado prazo as modificações necessárias a assegurar o cumprimento da lei sob reserva de recurso judicial ou administrativo"* pelo que *"É deixado ao critério dos inspectores do trabalho fazer advertências ou dar conselhos em lugar de intentar ou recomendar quaisquer procedimentos."* Este poder de opção entre instrumentos legais mobilizáveis é de cariz discricionário e tem como critério orientador principal a eficácia perspectivada sobre a obtenção da adesão ao cumprimento da lei[35]. A jurisprudência refere a propósito que *"cabe ao inspector do trabalho decidir, segundo um juízo de conveniência ou oportunidade, pelo levantamento do auto de advertência ou do auto de notícia. A lei não impõe à Inspecção-Geral do Trabalho o prévio levantamento de auto de advertência, para posteriormente se instaurar auto de notícia"*[36]. Com a atribuição desta faculdade a lei *"não confere ao senhor inspector um poder discricionário no sentido de dispor de livre arbítrio entre perseguir ou deixar de perseguir o infractor em termos contra-ordenacionais, apenas lhe confere discricionaridade entre poder optar pelo levantamento de um ou de outro dos referidos autos o que «pressupõe a prossecução do objectivo que está subjacente à mens legis» e, ainda assim condicionada à verificação de determinados pressupostos."*[37] Trata-se, assim, de uma actividade legalmente vinculada.

---

[34] Relativamente à fiscalização do trabalho no domicílio as visitas inspectivas *"só podem ser realizadas no espaço físico onde é exercida a actividade, entre as 9 e as 19 horas... na presença do trabalhador ou de pessoa por ele designada com idade igual ou superior a 16 anos de idade... Da diligência é sempre lavrado o respectivo auto, que deve ser assinado pelo agente de fiscalização e pela pessoa que tiver assistido ao acto."* (art. 13.º/1/4 da L 101/2009, de 8-9).

[35] Roxo, Manuel M. (2007). Inspecção das Condições de Trabalho. *In* Veiga, R. e Cabral, F. (Coord) *Higiene, Segurança, Saúde e Prevenção de Acidentes de Trabalho*, (Cap. 15).

[36] Ac. TRel do Porto, Proc. 0741845, de 18/6/2007, cit. *in* Martins, Alcides (2009). *Direito Processual do Trabalho. Uma síntese e algumas questões.*

[37] Ac. TRel de Lisboa, Proc. 5113/2006-4, de 4-10-2006.

O auto de advertência, de acordo com a previsão legal, tem uma possibilidade de utilização consideravelmente diminuta, para não dizer residual, pois reporta-se a infracções que reunam duas características cumulativas (art. 10.º/1-d/2-b do RPCOLSS): serem classificadas como leves pelo tipo legal de contra-ordenação e do seu cometimento ainda não ter resultado prejuízo grave para os trabalhadores, para a administração do trabalho e para a segurança social[38-39]. Por outro lado, a lei, para além das condições de utilização, quanto à conformação do seu conteúdo concreto refere que dele deve constar "*a indicação da contra-ordenação verificada, das medidas recomendadas ao infractor e o prazo para o seu cumprimento*" e o aviso "*de que o incumprimento das medidas recomendadas influi na determinação da medida da coima*" (art. 10.º/4 do RPCOLSS)[40]. Este instrumento é inovador no domínio da segurança social, porquanto não constava do regime contra-ordenacional substituído.

Em qualquer caso, a regra referida, quando aplicada às contra-ordenações laborais, não pode ser vista como susceptível de limitar o poder atribuído ao inspector de trabalho de "*fazer advertências ou dar conselhos em lugar de intentar ou recomendar quaisquer procedimentos*" imediatos, por três ordens de razões. A primeira relaciona-se com a hierarquia das fontes de direito. As convenções da OIT têm a

---

[38] Curiosamente, quanto às contra-ordenações de segurança social não relevam os prejuízos causados ao trabalhador e à administração do trabalho. Esta previsão requer dos inspectores, aquando do momento da sua tomada de decisão, uma considerável capacidade de convocação da lista de tipos legais pertinentes.

[39] A lei anterior (art. 632.º do CT/2003) explicitava a possibilidade de recurso ao auto de advertência quando a irregularidade fosse sanável e dela ainda não tivesse resultado prejuízo grave para os trabalhadores, para a administração do trabalho ou para a segurança social. Esta formulação foi o resultado de um aperfeiçoamento sucessivo do legislador laboral de forma congruente com as normas internacionais do trabalho ratificadas por Portugal.

[40] A lei substituída (art. 632.º/1/2 do CT/2003) prescrevia expressamente que o conteúdo do auto de advertência incluísse informação de que o incumprimento da sua recomendação relevava de um automatismo sequencial que "*determina a instauração de processo por contra-ordenação*".

natureza de tratados internacionais abertos à ratificação, vigorando na ordem jurídica interna *"enquanto vincularem internacionalmente o Estado português"* (art. 8.º/2 da CRP). *"O direito internacional convencional recebido ... possui valor supra-legislativo, prevalecendo, em princípio, sobre o direito interno infraconstitucional anterior ou posterior que o contrarie"*[41]. Em segundo lugar, a formulação dos preceitos referidos (art. 13.º e 17.º da Convenção n.º 81 e art. 18.º e 22.º da Convenção n.º 129), contrariamente a outros das mesmas convenções, não compreende a faculdade de redução dos poderes de opção neles contemplados. Com efeito, trata-se de uma norma que não é *"habilitativa de restrições"*[42]. Finalmente e por consequência, a própria lei nacional (art. 10.º/1 do RPCOLSS) enumera esses poderes ressalvando, explicitamente, o *"disposto em legislação específica"*, o que parece atribuir ao preceito o carácter de mera convocação enunciativa de normas com sede legal própria. Assim sendo, a disposição referida deve ser vista como a proibição de um juízo de oportunidade sobre a efectividade da acção em caso de a lei ser infringida, isto é, de interditar a opção entre impulsionar o processo sancionatório ou deixar de o fazer, limitando-se a advertir sem consequências do incumprimento.

Não obstante, o auto de advertência se situar num momento de processo contra-ordenacional ainda não integralmente consolidado (a fase de investigação), deriva da sua utilização pelo inspector do trabalho ou pelo inspector da segurança social o potencial de produção de efeitos em momentos posteriores da tramitação contra-ordenacional. De facto, a advertência, por si, não produz efeitos directos e imediatos na esfera jurídica do seu destinatário, já que este fica na situação de optar por se acomodar ou não ao *"ditame"* que ela contenha. Não beneficia de características próprias de executorie-

---

[41] Parecer da PGR n.º I000361999, de 30-8-2002, sobre a Convenção sobre os Aspectos Civis do Rapto Internacional de Crianças (Haia, 25-10-1980).

[42] Cfr. Miranda, Jorge e Medeiros, Rui (2005). *Constituição Portuguesa Anotada, Tomo I*, p. 638, caracterizando com a mesma lógica dedutiva os preceitos constitucionais.

dade (art. 149.º do CPA). Apesar de as advertências conterem um momento decisório – uma ponderação sobre a legalidade da factualidade constatada – assumem um *"carácter acessório, instrumental ou preparatório"*, relativamente ao auto de notícia que resulte da eventualidade de não acatamento e, por isso, *"nega-se-lhe a inclusão na categoria de acto administrativo"*. Assim sendo, não são susceptíveis de recurso hierárquico ou contencioso (art. 120.º do CPA)[43]. A apreciação dos seus impactos na esfera jurídica do destinatário faz-se no processo contra-ordenacional subsequente (art. 59.º/1 e 55.º/2 do RGCO).

Porém, o auto de advertência uma vez levantado e notificado ou entregue ao infractor (art. 10.º/3 do RPCOLSS) evidencia circunstâncias relevantes para apreciar sobre o grau de consciência com que o arguido avalia os seus actos, vale dizer, sobre o elemento subjectivo da infracção. Nesta medida podem ser produzidos os seguintes efeitos:

i. A coima a fixar para pagamento voluntário, pode ser elevada ao valor mínimo do dolo (art. 19.º/4 do RPCOLSS);

ii. É um elemento que vai ser atendido na fixação da moldura da coima, que se situa entre o mínimo da negligência e o máximo do dolo (art. 10.º/4 do RPCOLSS e art. 557.º do CT);

iii. O grau de incumprimento das medidas dele constantes é susceptível de influenciar a determinação da medida da coima (559.º/1 do CT), aquando da decisão final.

---

[43] Oliveira, Mário Esteves *et al* (2003). *Código do Procedimento Administrativo Comentado*, pp. 552-553.

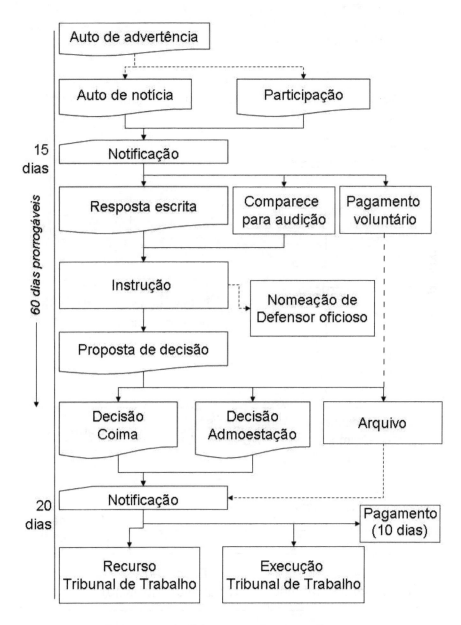

Ilustração 3: Diagrama do procedimento de contra-ordenação laboral

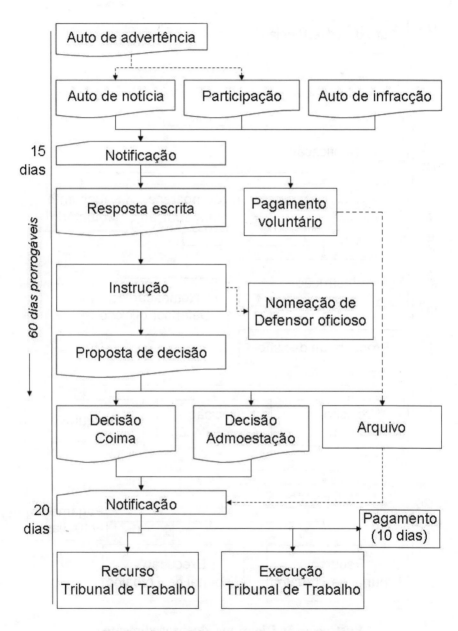

Ilustração 4: Diagrama do procedimento de contra-ordenação de segurança social

Os actos os praticados pelos inspectores no decurso dos processos de investigação devem ser notificados aos seus destinatários ou a quem o represente, preferencialmente de forma imediata, avisando das cominações que ao caso couberem (art. 10.º/3/4 do RPCOLSS). No caso de o infractor ou do seu representante não se encontrar no local, a notificação pode ser feita em qualquer trabalhador que aí exerça funções (art. 11.º *in fine*, do RPCOLSS).

Apesar de tratar de matéria externa ao procedimento contra-ordenacional, importa, finalmente, delimitar o poder de autoridade conferido aos inspectores do trabalho para impor medidas imediatamente executórias em caso de perigo grave e iminente para a saúde e segurança dos trabalhadores. Anota-se, em favor do que vai dito que as medidas referenciadas não constam do elenco de sanções contra--ordenacionais – as coimas e as sanções acessórias –, não se correlacionam com nenhum específico tipo legal de contra-ordenação, nem a sua aplicação está subordinada a qualquer dos tipos de procedimento contra-ordenacional previstos na lei. O preceito em causa (art. 10.º/1-c do RPCOLSS), como já se disse, parece ter o carácter de mera convocação enunciativa de outras normas (art. 13.º/2-b da Convenção n.º 81 e art. 18.º/2-b, ambas da OIT e o art. 10.º/1-d do Estatuto da IGT), remetendo-nos, no plano do direito nacional, para as normas que configuram a prática de actos administrativos em estado de necessidade (art. 3.º/2 do CPA). Aquelas normas traduzem, pois, uma qualificação legal que define simultaneamente o fundamento do poder atribuído e o limite da actividade administrativa correspondente (art. 266.º da CRP e art. 3.º/1 do CPA), habilitando a que, naqueles casos, possam ser praticados actos administrativos – a notificação da medida imediatamente executória – através dos quais se intenta, voluntária e unilateralmente, produzir efeitos jurídicos imediatos e concretos, com preterição (art. 3.º/2 do CPA) da aplicação prévia de princípios estruturantes da actividade administrativa[44].

---

[44] Cfr. Oliveira, Mário Esteves *et al* (2003). *Código do Procedimento Administrativo Comentado*, (2.ª Ed.), pp. 84 e ss.

Tais actos *"Gozam do chamado benefício ou privilégio de execução prévia, gerando efeitos sem sujeição a verificação antecedente pelo juiz"*[45] e dispensam, também, a audiência do interessado (art. 103.º/1-a do CPA), no processo de formação da decisão. Representa-se, assim, uma *"tensão dialéctica"* entre interesses protegidos: do particular que possa querer impedir os efeitos do acto administrativo, reputados lesivos dos seus direitos e do interesse público que procuraremos delimitar a seguir.

As situações em que tal intervenção dos inspectores do trabalho é legítima, não se reportam a uma qualquer violação da lei tipificada como contra-ordenação laboral, mas apenas a situações de trabalho em que se verifiquem três dimensões em simultâneo:

i. Uma situação de perigo grave para a vida, a integridade física ou a saúde dos trabalhadores;

ii. Uma circunstância contextual de espaço e de tempo em que esse perigo seja iminente, isto é, quando o curso de acção possa, segundo as regras normais do acontecer, despoletar-se a qualquer momento;

iii. Que o resultado tido em vista com a medida de suspensão não possa ser alcançado de outro modo (art. 3.º/2 do CPA).

A acção dos inspectores do trabalho, nestas circunstâncias excepcionais, fica teleologicamente orientada para a realização de interesses públicos que têm acolhimento constitucional – o direito à vida e à integridade pessoal (art. 24.º/1 e 25.º/1 da CRP) dos trabalhadores no trabalho – em situações que exigem a execução do acto administrativo em dado momento, sob pena de a oportunidade se frustar, justificando e configurando a natureza do acto administrativo. Aliás, a tutela destes bens jurídicos fundamentais, justificam também, o direito de o trabalhador, nas circunstâncias de perigo grave e iminente que não possa ser evitado, se recusar a prestar trabalho (art. 15.º/6 e 17.º/2 do RJSST). Nestes casos, a audiência de interessados não se

---

[45] Parecer da PGR n.º P000451988, de 11-01-90.

realiza já que, por definição a decisão é urgente (art. 103.º/1-a do CPA), como resulta directamente quer da lei, quer da situação material e objectiva concreta que se pretende abordar. Todavia, a decisão administrativa não pode deixar de ser fundamentada, nem comunicada ao interessado. Dessa comunicação deve constar a informação de que a retoma dos trabalhos suspensos depende de autorização expressa do inspector do trabalho (art. 10.º/2 do Estatuto da IGT). Decorre ainda do exposto e da aludida *"tensão dialéctica"* entre direitos e interesses protegidos que esta medida de excepção não pode deixar de estar coberta pelos princípios da proporcionalidade (art. 266.º/2, da CRP) e da sujeição das decisões administrativas definitivas e executórias a controlo contencioso de anulação (art. 268.º/4, da CRP) e, por maioria de razão, a recurso hierárquico (art. 158.º do CPA), nos termos gerais. O recurso não produz, no entretanto, qualquer efeito suspensivo na executoriedade da medida aplicada.

4.2. A competência material e territorial

A competência material para assegurar o procedimento das contra-ordenações laborais compete (art. 34.º do RGCO) à ACT (art. 2.º/1-a do RPCOLSS, os art. 3.º/2-l) e 5.º/2-d) da lei orgânica da ACT aprovada pelo DL 326-B/2007) e das contra-ordenações de segurança social ao ISS (art. 2.º/1-b do RPCOLSS, art. 248.º/1 do CRCSS e art. 3.º/2-v do DL 214/2007). O inspector-geral do trabalho (art. 3.º/1-a do RPCOLSS e o art. 5.º/2-d do DL 326-B/2007) e o conselho directivo do ISS, na pessoa do seu presidente, (art. 3.º/1-b do RPCOLSS e art. 5.º/5 do DL 214/2007) têm competência para a aplicação das coimas nos processos de contra-ordenação laboral e de segurança social, respectivamente, podendo delegá-la[46] (art. 34.º/3

---

[46] *"Ao dispor-se no art. 630.º/2, do ... CT/[2003] que tem competência para aplicação das coimas correspondentes às contra-ordenações laborais o Inspector-Geral do Trabalho, não se referindo aí expressamente a faculdade de*

do RGCO e art. 3.º/3 do RPCOLSS) em acto expresso e publicitado na 2.ª série do DR, sem o que o acto não reúne condições de eficácia externa. Esta separação de competências, como já foi referido tem por excepção as situações *"de prestação de actividade, por forma aparentemente autónoma, em condições características de contrato de trabalho"* (art. 2.º/2 do RPCOLSS), em que a competência é cumulativa, sem prejuízo do respeito pela aplicação do princípio *ne bis in idem*.

Têm competência territorial (art. 4.º do RPCOLSS) para proceder à instrução das contra-ordenações laborais os serviços desconcentrados da ACT e do ISS em cuja área do território nacional colocada sob o seu controlo se haja verificado a infracção. O RGCO (art. 35.º e 61.º) usa, a este propósito, a expressão "... *consumado a infracção*", não parecendo que daí possam induzir-se problemas de interpretação. "*O facto considera-se praticado no lugar em que, total ou parcialmente e sob qualquer forma de comparticipação, o agente actuou ou, no caso de omissão, devia ter actuado, bem como aquele em que o resultado típico se tenha produzido*" (art. 6.º RGCO). Aliás, o inspector do trabalho ou o inspector da segurança social que verifica/comprova a infracção fá-lo, em regra, onde ela se consuma, especialmente se o fizer de forma presencial.

No que diz respeito ao controlo da competência (art. 33.º/1 do CPA), incumbe ao órgão decisor, antes do mais, certificar-se da sua competência para conhecer da questão que lhe é submetida[47].

Deve ser, ainda, feita uma breve referência ao concurso de crime e contra-ordenação, quando o mesmo facto constitui simultaneamente crime e contra-ordenação (art. 38.º do RGCO e art. 236.º/1 do CRCSS). Nestas circunstâncias, o auto por contra-ordenação deve ser remetido ao Procurador da República competente, conjuntamente com a participação crime, para a realização do respectivo inquérito

---

delegação de poderes, não significa/não pode significar tal redacção a eliminação dessa possibilidade." Cfr Ac. TRel de Coimbra, Proc. 3989/04, de 23-2-2005.

[47] Cfr. Ac. TRel de Lisboa Proc. 1298/2003-4, de 1-10-2003.

(art. 40.º/1 do RGCO), só passando a ACT ou o ISS a ser materialmente competente, se e quando o MP devolver o processo, considerando que não há lugar a responsabilidade criminal[48].

4.3. O impulso processual: o auto de notícia e a participação

O auto de notícia é o documento escrito no qual se relata – dá notícia – a infracção e se descrevem os factos que a incorporam, bem como os meios de prova conhecidos. São duas as características essenciais do auto de notícia (cfr. os art. 13.º e 15.º do RPCOLSS e o art. 7.º do Estatuto da IGT)[49]: a materialidade e a presencialidade.

A materialidade do auto de notícia significa que neste documento devem ser relatados os factos materiais sensorialmente perceptíveis que constituem a contra-ordenação, especificando-se o dia, a hora, o local e as circunstâncias em que foram cometidos, bem como a identificação do arguido, dos ofendidos e do autuante.

No domínio da segurança social prevê-se, ainda uma forma diversa de notícia da contra-ordenação – o auto de infracção – cuja única especificidade reside na circunstância de poder ser levantado por *"qualquer técnico da segurança social ... no exercício das suas funções"* (art. 14.º e 15.º do RPCOLSS).

Quando o auto de notícia é levantado contra pessoa colectiva deve conter, sempre que possível, a identificação e residência dos gerentes, administradores ou directores, (art. 15.º/2 do RPCOLSS) enquanto representantes legais da empresa e, nessa medida, responsáveis solidariamente pelo pagamento da coima em que foram condenadas as empresas que legalmente representam (art. 551.º/3 do CT

---

[48] Cfr. Silva, Germano Marques da (2008). *Curso de Processo Penal I* (5.ª Ed.), pp. 140-141.

[49] O RGCO não se refere ao auto de notícia nem ao seu valor probatório. O auto de notícia a que se refere o CPP (art. 243.º) respeita unicamente ao auto de notícia por crime.

e art. 226.º/3 do CRCSS)[50]. Por outro lado, sendo o caso, importa que dele conste a identificação do contratante e subcontratante (art. 15.º/3 do RPCOLSS), uma vez que o primeiro tem responsabilidade solidária pelo pagamento da coima aplicada ao segundo (art. 551.º/4 do CT).

Para além do relato dos factos que constituem os pressupostos do elemento objectivo da infracção, devem ser também reportados os factos que evidenciem o elemento subjectivo, vale dizer, a culpa[51]. Uma descrição da matéria de facto correcta é, pois, o contrário da mera formulação de juízos de valor ou de proposições conclusivas. Contudo, importa acentuar que a sede própria para apreciar da culpabilidade e *"para aferição da existência de conduta dolosa"* (art. 557.º do CT) é a após a conclusão da fase instrutória do processo e não no auto de notícia. É, aliás, o que resulta dos princípios gerais do processo penal: a culpa não pode ser presumida, nem previamente determinada pelo agente autuante. A questão da culpabilidade é apreciada, com propriedade, na sequência do apuramento de factos sobre os elementos constitutivos do tipo de contra-ordenação e sobre a participação do arguido nesses factos (art. 368.º/2 do CPP). O inspector autuante, no auto de notícia, deve mencionar *"os factos que constituem a contra-ordenação, o dia, a hora, o local e as circunstâncias em que foram cometidos e o que puder ser averiguado acerca da identificação e residência do arguido"* (cfr art. 15.º/1 do RPCOLSS)[52], incluindo os factos apurados relativos ao elemento

---

[50] Sobre a responsabilidade dos gerentes ou administradores por dívidas fiscais, ver o Ac. n.º 467/2001, do TC, *in* DR, 2.ªS, de 28-11-2001 e pelas contribuições do regime geral da segurança social o Ac n.º 328/94 do TC, *in* DR, 2.ªS, de 9-11-94.

[51] Sobre a necessidade de o auto de notícia contra-ordenacional conter os factos constitutivos do elemento subjectivo da infracção, vejam-se o Assento n.º 1/2003 do STJ, *in* DR, 1.ªS-A, de 25-01-2003 e o Ac. do STJ, Proc 02P4504, de 8-1-2003.

[52] Oliveira, Luís Claudino (2004). As Contra-Ordenações no Código do Trabalho. *In A Reforma do Código do Trabalho*, p. 675.

subjectivo da infracção. No entanto, não incumbe ao agente autuante qualificar a culpa do arguido ou fazer juízos sobre a respectiva intensidade, nem graduar a coima[53] ou fixar a moldura no mínimo do dolo antes de se ter iniciado sequer a instrução do processo... É, por regra, em sede de decisão final que o incumprimento do auto de advertência pode implicar com a determinação da medida da coima e não antes desse momento. Admitir o contrário, significaria permitir ao inspector autuante o exercício de funções instrutórias, violando a proibição prevista quanto à inibição desse exercício funcional nesse processo (art. 16.º do RPCOLSS).

A presencialidade reporta-se ao modo como os factos foram verificados. Essa verificação tem que ser pessoal e directa, embora possa ser meramente mediata, através da verificação ou comprovação dos factos materiais integradores da infracção através simples análise de documentos. Nesta medida, o auto de notícia reveste as características de documento autêntico (art. 363.º/2 e 369.º/1 do CC), o que lhe confere a relevância probatória bastante para que se considerem provados os factos materiais dele constantes, enquanto a autenticidade do documento ou a veracidade do seu conteúdo não forem fundadamente postas em causa (art. 169.º do CPP *ex vi* art. 41.º/1 do RGCO, art. 549.º do CT e art. 13.º/3 e 14.º/3 do RPCOLSS)[54]. Destas considerações resulta que o auto de notícia deve referenciar, também, a forma como a matéria de facto foi verificada. Refira-se que no auto de notícia é dispensada a indicação de testemunhas (art. 15.º/1 *in fine* do RPCOLSS).

O auto de notícia, em função do número de arguidos e da relação de responsabilidade entre eles e com a infracção reportada, pode revestir tipologias diversificadas:

---

[53] Como acontecia no art. 33º/4 do DL 327/83, de 8-7 que aprovou o anterior Estatuto da IGT: *"quando se trate de aplicação de multas de quantitativo variável, deve o funcionário autuante graduar, por forma fundamentada, o respectivo montante, da acordo com as circunstâncias da infracção."*

[54] Cfr. Ac. TRel de Évora, Proc 550/2008-3, de 22-4-2008.

i. Quando há só um arguido e uma só infracção;

ii. Quando os factos são imputáveis a vários arguidos, que colaboram no cometimento de uma mesma infracção, cada um deles respondendo pela coima de acordo com a sua culpa (16.º do RGCO);

iii. Quando há mais que um arguido, quando um deles (ou vários) responde(m) pelo pagamento da coima dos outros, podendo também responder, ou não, por coima própria (art. 551.º/4 do CT);

iv. Quando há um arguido (ou vários) que responde(m), em concurso, por várias infracções e, consequentemente, por várias coimas (art.19.º do RGCO e art. 558.º do CT);

v. Quando seja aplicável uma coima cujo montante é multiplicável pelo número de trabalhadores (art. 558.º e 521.º/2 do CT);

vi. Quando haja uma pluralidade de arguidos responsáveis pela mesma infracção, e não apenas quanto ao pagamento da coima (art. 556.º/2 do CT).

Finalmente, o auto de notícia deve conter a referência às disposições legais que prevêem e punem a infracção, bem como a coima e, sendo o caso, a sanção acessória aplicáveis para que se possa constituir-se como acusação (art. 15.º/1 e art. 17.º a 19.º do RPCOLSS). De facto, tais elementos são determinantes para a ponderação do arguido relativamente à faculdade de proceder ao pagamento voluntário da coima e/ou estruturar e organizar a sua defesa. Nestas circunstâncias, *"um auto de notícia pode desempenhar as funções de acusação uma vez que integra o núcleo fundamental de um acto processual daquela natureza: a imputação a alguém de um conjunto de factos integrativos de um crime, suportada na presencialidade da prática desses factos por um agente da autoridade"*[55].

---

[55] Dantas, A. Leonês (2001). O Ministério Público no Processo das Contra-Ordenações, *Questões Laborais* n.º 17.

A participação é o instrumento de reporte de infracções que não tenham sido verificadas pessoalmente pelo inspector de trabalho ou da segurança social e é instruída com os elementos de prova disponíveis e a indicação de, pelo menos, 2 testemunhas até máximo de 5, independentemente do número de infracções relatadas (art. 13.º/4 *in fine* do RPCOLSS). Neste caso e, sendo considerada insuficiente ou deficiente a sua formulação, pode proceder-se à sua instrução prévia com vista à formulação de acusação ou arquivo (cfr. art. 13.º/4 e 15.º/1 do RPCOLSS e art. 8.º do Estatuto da IGT).

Finalmente, apesar de não referenciada nas normas respeitantes ao procedimento contra-ordenacional laboral e da segurança social, a instrução de participações comunicadas por outras entidades não pode deixar de ser admitida, nos termos gerais, como forma de impulsionar o processo (art. 48.º/3 do RGCO).

Seja qual for a forma pela qual o processo contra-ordenacional se inicie, haverá que ter em conta que a ACT e o ISS têm o dever específico de comunicação mútua, no prazo de 10 dias, de qualquer infracção que respeite às respectivas competências (art. 62.º/2 do RPCOLSS).

4.4. A notificação ao arguido

A notificação ao arguido é um momento fundamental do processo contra-ordenacional pois é com este acto que se viabiliza o exercício do seu direito de defesa (art. 50.º do RGCO) e se lhe disponibilizam "*os elementos necessários para que o interessado fique a conhecer todos os aspectos relevantes para a decisão*" que venha a ser tomada, "*nas matérias de facto e de direito e, na resposta, o interessado*" poder "*pronunciar-se sobre as questões que constituem objecto do procedimento, bem como requerer diligências complementares e juntar documentos*"[56].

---

[56] Cfr. Assento n.º 1/2003, do STJ, *in* DR, 1ªS-A, de 25-01-2003.

Por isso, quanto ao conteúdo, esta notificação deve anexar o auto de notícia, ou a participação, no caso das contra-ordenações laborais e descrever os factos imputados – os constantes do auto de notícia, da participação ou do auto de infracção – no caso da contra-ordenação de segurança social (art. 17.º/1 e 18.º/1 do RPCOLSS). Do seu teor deve constar a referência a que o arguido dispõe do prazo de 15 dias para contestar ou apresentar resposta escrita, devendo juntar os documentos probatórios de que disponha e arrolar testemunhas, até ao máximo de 2 por cada infracção ou de 5 quando for o caso de 3 ou mais contra-ordenações. No caso das contra-ordenações laborais, o arguido pode, ainda, optar por comparecer, para ser ouvido, em dia determinado (art. 17.º/2/3 e 18.º/1/2 do RPCOLSS).

A notificação deverá, ainda, informar sobre a possibilidade de pagamento voluntário da coima no prazo acima referido de 15 dias úteis (art. 17.º/1 e 18.º/1 do RPCOLSS).

Sob o ponto de vista do formalismo são aplicáveis a esta notificação, subsidiariamente, as disposições do processo penal (art. 113.º do CPP). Todavia, esta notificação, de acordo com a norma específica (art. 8.º do RPCOLSS), deve ser feita por carta registada com aviso de recepção, considerando-se efectuada na data da assinatura do aviso, a menos que o aviso seja assinado por pessoa diversa do arguido, circunstância em que se presume feita no terceiro dia útil posterior. Em qualquer caso, nada obsta a que possa ser feita por contacto pessoal, nos termos gerais.

Havendo defensor escolhido com procuração no processo, a notificação é-lhe dirigida com cópia ao arguido (art. 47.º do RGCO e art. 9.º/6 do RPCOLSS). No caso de haver sujeitos com responsabilidade solidária no pagamento das coimas (art. 551.º/3/4 do CT e art. 226.º do CRCSS) devem ser igualmente notificados tal como o arguido principal (art. 20.º do RPCOLSS).

A omissão desta notificação faz incorrer a decisão administrativa condenatória, se judicialmente impugnada, no vício formal de nulidade, arguível pelo «acusado», no acto de impugnação (art. 120.º/1/2-d/3 do CPP, *ex vi* art. 41.º/1 do RGCO), invalidando os actos instrutórios praticados a partir dela. Sendo a notificação insuficiente, ou seja, não fornecer todos *"os elementos necessários para que o interessado fique a conhecer todos os aspectos relevantes para a decisão"* o vício é o da nulidade sanável (art. 283.º/3 do CPP) arguível pelo interessado no prazo de 15 dias (art. 17.º e 18.º do RPCOLSS)[57].

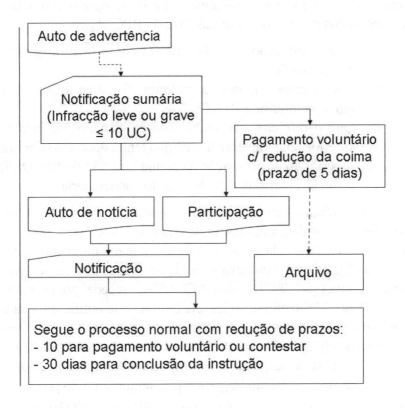

Ilustração 5: Diagrama do processo especial de contra-ordenação laboral e de segurança social

---

[57] Idem, Assento n.º 1/2003 do STJ; no mesmo sentido Ac. do TC n.º 442/2003, Proc 593/03, *in* DR. 2.ªS, de 17-11-2003.

A notificação é o momento normal de chamada do arguido ao processo contra-ordenacional. Não obstante, a lei processual das contra-ordenações laborais e de segurança social previram uma forma de processo especial que precede este momento (art. 28.º do RPCOLSS). Esta forma processual, que se pretende mais expedita em função da expectativa da redução em 25% da coima mínima a aplicar, dever ser obrigatoriamente utilizada sempre que se reunam três requisitos cumulativos (art. 28.º/1/2 do RPCOLSS):

i. Que a infracção seja classificada como leve ou grave no respectivo tipo legal;
ii. Que o valor mínimo da moldura da coima aplicável seja igual ou inferior a 10 UC;
iii. Que o infractor não tenha sido condenado por infracção anterior relativamente à qual não tenha decorrido um prazo superior ao da prescrição da coima (art. 55.º do RPCOLSS), contada a partir da data da decisão condenatória.

A notificação – com a descrição sumária dos factos, das disposições legais violadas, a indicação do valor da coima calculada com a redução referida –, da possibilidade do pagamento voluntário no prazo de 5 dias com o cumprimento da obrigação devida, se esta for ainda possível (art. 29.º/1/2 do RPCOLSS), precede, por isso, a fase da acusação. Muito embora a lei seja omissa, esta notificação, dado o seu teor e consequências, deve observar o mesmo formalismo previsto para a notificação do auto de notícia (art. 8.º/1 do RPCOLSS).

A ausência de resposta, o incumprimento da obrigação devida ou a recusa do pagamento implica o prosseguimento do processo na sua tramitação normal e com encurtamento dos respectivos prazos para pagamento voluntário ou contestar e para conclusão da instrução.

4.5. O pagamento voluntário

No prazo de 15 dias após a recepção da notificação da acusação, o arguido, querendo, pode proceder ao pagamento voluntário da coima liquidada pelo mínimo, sem custas, que corresponda à infracção praticada com negligência e/ou, sendo caso disso, tendo em conta o agravamento por reincidência (art. 19.º/1-a do RPCOLSS). Após este momento e até à decisão final da autoridade administrativa, o pagamento voluntário continua a ser possível de ser requerido, acarretando o pagamento das custas processuais que forem devidas (art. 19.º/1-b do RPCOLSS). Ao sujeito solidariamente responsável pelo pagamento da coima assiste, também, a possibilidade de a pagar voluntariamente (art. 20.º do RPCOLSS).

O pagamento voluntário da coima tem duas condicionantes:

i. "*Sempre que a contra-ordenação ... consista na omissão de um dever, o pagamento da coima não dispensa o infractor do seu cumprimento se este ainda for possível*" (art. 564.º/1 do CT e art. 61.º do RPCOLSS);

ii. Quando a infracção consistir na falta de entrega de documentos ou comunicações obrigatórias, o pagamento só é possível se essa omissão for sanada no mesmo prazo (art. 19.º/2 do RPCOLSS).

O pagamento voluntário constitui um direito conferido ao arguido que tem como efeito a extinção do procedimento contra-ordenacional, mas não exclui a possibilidade de aplicação de sanções acessórias (art. 50.º-A do RGCO). Por outro lado, o pagamento voluntário pelo mínimo não parece ser cumulável com a possibilidade de pagamento da coima em prestações (cfr art. 88.º/4/5/6 do RGCO e art. 27.º/1 do RPCOLSS)[58].

O pagamento voluntário tem, ainda, um outro efeito: equivale a condenação e determina o arquivamento do processo (art. 19.º/3 do

---

[58] Neste sentido, Ac. TRel de Lisboa, Proc 00102564, de 26-3-2003.

RPCOLSS). Daqui deriva que o processo não possa ser reaberto, nem os factos possam ser reapreciados como contra-ordenação. Esta previsão beneficia de uma excepção para os casos em que seja aplicável sanção acessória e seja necessário prosseguir a tramitação para este fim. Importará dizer que, nestas circunstâncias, o arguido não fica inibido de discutir toda a matéria de facto que seja relevante para a apreciação da sanção acessória, designadamente sobre a existência da própria infracção[59].

As infracções laborais que podem e venham a ser liquidadas voluntariamente pelo valor mínimo correspondente ficam a constar do *"registo individual dos sujeitos responsáveis pelas contra-ordenações laborais"* (art. 565.º do CT). Por isso, tais infracções – as muito graves praticadas com negligência e as graves que sejam pagas voluntariamente – podem ainda vir a ser consideradas para efeitos de contabilização da reincidência (art. 561.º/1 do CT). Este registo deve, ainda, dar informação sobre os demais casos para efeitos de verificação e consolidação dos requisitos de aplicabilidade do processo especial (art. 28.º/2 do RPCOLSS).

Mas, sublinha-se, o princípio do pagamento voluntário da coima pelo mínimo tem duas excepções:

   i. Não é, de todo, admitido o pagamento voluntário de infracções muito graves praticadas com dolo, como se deduz, *a contrario,* do texto da lei que o admite apenas *"...nos caso em que a infracção seja qualificada como leve, grave ou muito grave praticada com negligência"* (art. 19.º/1 do RPCOLSS);

   ii. No caso de *"o infractor ter agido com desrespeito das medidas recomendadas no auto de advertência, a coima pode ser elevada até ao valor mínimo do grau que corresponda à infracção praticada com dolo"* (art. 19.º/4 do RPCOLSS).

---

[59] Neste sentido o Ac. n.º 135/2009, do TC, *in* DR 1.ªS, de 4-5-2009, sobre norma similar do Código da Estrada.

Estas excepções suscitam alguns problemas que se relacionam com a qualificação da conduta como dolosa e com o momento em que essa qualificação se faz. Atento o que vai dito a propósito do direito de defesa, parece indubitável que essa qualificação tem que encontrar respaldo no próprio auto de notícia levantado pelo inspector do trabalho ou da segurança social, o qual deve mencionar a factualidade carreada para suportar, inequivocamente, essa qualificação. Acontece que, ao contrário da qualificação da gravidade da conduta que deriva de um critério objectivo fixado no respectivo tipo legal, a qualificação da conduta como dolosa supõe meios de prova que fazem apelo a *"regras da experiência comum"* e a *"princípios de normalidade do acontecer ..."* cuja exigência formal é muito fluida[60]. Ora, estas circunstâncias são dificilmente compagináveis com o princípio do contraditório e, ainda menos, com o princípio *in dubio pro reo* e com o princípio da presunção de inocência do arguido até decisão transitada (art. 32.º/2 da CRP). Se a tais circunstâncias se adicionar a possibilidade de a infracção vir a ser considerada para efeito de reincidência, forçoso é concluir por uma grande vulnerabilidade do arguido, tornando problemático o exercício do direito a efectuar o pagamento voluntário. Por outro lado, o incumprimento das medidas previstas no auto de advertência, por si só, não significa uma conduta dolosa, porquanto não é admissível considerar-se consagrada a existência de uma presunção legal, contradizendo o princípio da presunção da inocência do arguido (art. 32.º da CRP)[61]. A solução dos problemas suscitados, tudo indica, só encontrará solução satisfatória *de lege ferenda*.

As várias modalidades possíveis de pagamento voluntário previstas na lei (art. 19.º do RPCOLSS), podem, em síntese, reconduzir-se à tipologia que se segue:

---

[60] Cfr. Silva, Germano Marques da (2008). *Curso de Processo Penal I* (5.ª Ed.), p. 370; Ribeiro, João Soares (2003). *Contra-Ordenações Laborais* (2.ª Ed.), pp. 82 e ss.

[61] Cfr. Ribeiro, João Soares (2003). *Contra-Ordenações Laborais* (2.ª Ed.), pp. 182 e 268.

i. O arguido pode proceder ao pagamento pelo valor mínimo da coima respeitante a negligência sem custas, dentro do prazo previstos para o exercício do direito de defesa (art. 19.º/1-a do RPCOLSS);

ii. O arguido pode proceder ao pagamento pelo valor mínimo da coima respeitante a negligência com custas, em qualquer momento da tramitação que decorra até à decisão final (art. 19.º/1-b do RPCOLSS);

iii. O arguido pode proceder ao pagamento da coima pelo valor mínimo respeitante a dolo, quando o auto de notícia seja antecedido de auto de advertência (art. 19.º/4 do RPCOLSS);

iv. O arguido pode proceder ao pagamento da coima pelo valor mínimo acrescido de um terço, dado ser reincidente (art. 19.º/1-a-b do RPCOLSSS e art. 561.º/2 do CT e 237.º/2 do CRCSS), devendo o auto de notícia ser acompanhado da prova da reincidência;

v. O arguido pode proceder ao pagamento da coima de montante igual ao valor da anterior condenação (art. 561.º/2 *in fine* do CT), devendo o auto de notícia ser acompanhado do registo individual de infracções (art. 565.º do CT);

vi. O arguido só pode proceder ao pagamento desde que prove ter sanado a irregularidade respeitante a omissão de entrega de mapa, relatório, comunicação, etc. (art. 19.º/2 do RPCOLSS);

vii. O arguido pode proceder ao pagamento da coima, mas tem de provar o pagamento dos créditos laborais em dívida aos trabalhadores ou à segurança social (art. 61.º do RPCOLSS e art. 564.º/ do CT);

viii. O arguido pode proceder ao pagamento da coima pelo mínimo da negligência, sem prejuízo da possibilidade de ser aplicada a sanção acessória (art. 19.º/1 do RPCOLSS, art. 562.º/1 do CT, art. 238.º/1 do CRCSS e art. 50.º-A do RGCO).

4.6. A instrução e o exercício do direito de defesa

Se o arguido não proceder ao pagamento voluntário e nada disser, o processo avança até à prolação de decisão final. Se disser, esta fase do procedimento ganha relevo particular. O exercício do direito de defesa é, fundamentalmente, um direito de resposta ao auto de notícia, à participação ou ao auto de infracção e de oposição à factualidade aí vertida.

Para que o arguido possa assegurar a sua defesa tem direito de acesso à totalidade dos aspectos relevantes para a decisão, nas matérias de facto e de direito. Daí a importância e o cuidado que se deve atribuir ao conteúdo da notificação ao arguido a que nos referimos anteriormente. O não fornecimento dos dados em causa é susceptível de ser arguido pelo interessado, no prazo de 15 dias perante a ACT ou ISS, ou de 10 dias judicialmente no acto de impugnação da subsequente decisão/acusação administrativa, invalidando o acto processual considerado nulo e os actos subsequentes. Não havendo arguição ou havendo-a fora de prazo, o acto processual considera-se sanado[62].

Segue-se, então, a apreciação da argumentação aduzida em sua defesa, numa das duas formas possíveis. Quando tenha havido resposta escrita o arguido deve juntar, para o efeito, *"os documentos probatórios que disponha"* e/ou *"arrolar testemunhas"* (art. 17.º/2 e 18.º/1 do RPCOLSS) até ao máximo de 2 por cada infracção ou até 5 no caso de se tratar de 3 ou mais contra-ordenações a que seja aplicável uma coima única (art. 17.º/3 e 18.º/2 do RPCOLSS). Em alternativa, o arguido em contra-ordenação laboral, em vez da resposta escrita, pode optar por comparecer, em dia que lhe for determinado, para ser ouvido, podendo requerer a junção daqueles documentos e apresentar o rol de testemunhas.

---

[62] Assento n.º 1/2003 do STJ, de 16-10-2002, *in* DR 1.ª-A/S de 25-1-2003; Ac. do TC n.º 311/2003, de 1-7-2003.

Em regra, só as testemunhas constantes do auto, ou posteriormente arroladas na acusação, são notificadas para comparecer sob pena da aplicação de sanções pecuniárias (art. 52.º do RGCO). As testemunhas arroladas pela defesa são apresentadas pelo arguido (art. 21.º/1 do RPCOLSS). Para o efeito, o arguido ou o seu defensor devem ser notificados para comparecer e/ou convocados para audição, quando o requeiram.

O facto de as testemunhas não serem ajuramentadas (art. 44.º do RGCO) não significa que não devam ser advertidas para o dever de dizer a verdade, sob pena do cometimento do crime de falsas declarações. O arguido não está vinculado a prestar declarações, podendo defender-se pelo silêncio, excepto quanto à sua identidade (art. 61.º/1-d/3-b do CPP).

Por princípio e sob pena de nulidade resultante da violação do direito de defesa, devem ser realizadas todas as diligências de defesa solicitadas, salvo se forem patentemente dilatórias[63].

O exercício do direito de defesa é aplicável, com as necessárias adaptações, ao sujeito solidariamente responsável pelo pagamento da coima (art. 20.º do RPCOLSS).

Como já se referiu, a instrução é assegurada por inspectores ou técnicos da ACT ou do ISS que não tenham sido autuantes ou participantes no mesmo processo (art. 16.º do RPCOLSS). O prazo para a instrução é de 60 dias, podendo, fundamentadamente, ser prorrogado sucessivamente por períodos de igual duração (art. 24.º/1/2 do RPCOLSS). A ultrapassagem do prazo de instrução não configura uma situação que determine "*a nulidade da decisão, uma vez que configura uma mera irregularidade processual que depende de arguição e ao não ser arguida antes da decisão final, a mesma deve considerar-se sanada*"[64]. Há, todavia, jurisprudência que considera que "*não é um prazo peremptório, tem natureza meramente aceleratória e disciplinar*", pelo que "*o seu incumprimento pode

---

[63] Cfr. Ac. TRel de Coimbra, Proc. 1186/00, de 21-6-2000.
[64] Ac. TRel do Porto, Proc. 5696/04, de 28-2-2005.

implicar apenas e eventualmente responsabilidade disciplinar para os funcionários"[65].

O arguido tem o direito de fazer-se acompanhar de advogado ou pode, ainda, ser necessário, para assegurar o direito de defesa, que lhe seja nomeado defensor oficioso (art. 32.º/3 da CRP e art. 53.º do RGCO). A lei caracteriza o defensor como um *"elemento essencial à administração da justiça"* (art. 208.º da CRP e 114.º da LOFT). Ora, a nomeação de defensor é obrigatória quando o arguido o pedir, ou pode acontecer oficiosamente, quando as circunstâncias do caso revelarem a necessidade ou conveniência de ele ser assistido (art. 53.º/2 do RGCO). Todavia, os critérios da lei, para se saber quando deve ser nomeado o defensor oficioso, oferecem uma latitude considerável. Em todo o caso, parece que a faculdade de nomeação pode ser concretizada quando ocorram casos *"de revelia absoluta, quando compareça para se defender um arguido analfabeto funcional ou que não domine a língua portuguesa"* (cfr art. 64.º/1 do CPP), ou quando possam ser aplicadas sanções muito graves e/ou sanções acessórias*[66]* em situações complexas (cfr art. 562.º/2 do CT e art. 238.º/1 e 243.º do CRCSS). A nomeação de defensor oficioso recai em advogado ou advogado estagiário, indicado pelo conselho distrital da Ordem (art. 17.º e 30.º da L 34/2004, de 29-7).

A nomeação de defensor oficioso é-lhe notificada e comunicada ao arguido que pode recorrer do acto para o tribunal de trabalho (art. 53.º/3 do RGCO).

No processo de contra-ordenação também pode haver lugar ao apoio judiciário, quer na modalidade de dispensa de pagamento de custas, quer na de dispensa do pagamento dos honorários ao advogado (art. 16.º e ss. da L 34/2004), o qual deve ser apresentado em qualquer serviço de atendimento ao público dos serviços de segurança social (art. 22.º/1 da L 34/2004).

---

[65] Ac. TRel de Évora, Proc. 1756/04-3, de 9-11-2004.
[66] Cfr. Ribeiro, João Soares (2003). *Contra-Ordenações Laborais* (2.ª Ed.), pp. 192; Passos, Sérgio (2006). *Contra-Ordenações, Anotações ao Regime Geral* (2.ª Ed.), p. 370.

O segredo de justiça, no âmbito do processo de contra-ordenação, constitui um outro aspecto que se coloca, particularmente quanto à fase de instrução e a sua disciplina é omissa do RGCO ou do RPCOLSS. Por regra, o processo contra-ordenacional é público (art. 86.º/1 do CPP *ex vi* o art. 41.º/1 do RGCO), pelo que a aplicação do segredo de justiça apenas é justificável quando "*os interesses da investigação ou os direitos dos sujeitos processuais o justifiquem*" (art. 86.º/3 do CPP). Como já foi constatado existem "*inúmeras contra-ordenações em que a investigação dos factos se esgota no respectivo auto de notícia*", eventualidade em que o problema não se coloca[67]. Todavia, outras investigações mais complexas podem ser necessárias e contender com interesses legítimos que merecem protecção. É assim que "*as necessidades da investigação, quer ao nível da individualização dos meios de prova, quer ao nível da protecção da prova já recolhida*" a "*serenidade e a independência de quem investiga ... a protecção da imagem e consideração social do arguido, a que acresceram a de outros sujeitos ou meros participantes processuais*" "*são fundamento bastante para que o processo seja sujeito ao regime de segredo*", "*devendo ceder nessa medida o princípio da publicidade que é igualmente aplicável àquela forma de processo.*" Nestas situações, "*incumbe à autoridade administrativa que dirige o processo proferir a decisão de sujeição do mesmo ao regime de segredo, oficiosamente, ou a requerimento do arguido*" (art. 41.º/2 do RGCO e art. 86.º do CPP). A violação do segredo de justiça em processo contra-ordenacional tem protecção penal específica até à fase de decisão da autoridade administrativa (art. 371.º/1/2-a do CP).

4.7. A proposta de decisão final

Finda a instrução, é elaborada informação ou proposta de decisão dirigida à autoridade administrativa competente para a aplicação da coima – normalmente o dirigente do serviço da ACT ou do ISS regionalmente competente –, cuja decisão, quando concordante, pode ser expressa por simples remissão para os respectivos fundamentos (art. 25.º/5 do RPCOLSS).

De acordo com a boa regra, a proposta de decisão deve iniciar-se com o relato contendo a identificação dos arguidos, a descrição dos factos que lhes são imputados, com indicação das provas obtidas, a indicação das normas violadas e normas punitivas, a subsunção dos factos às normas, a fundamentação da coima proposta por referência à modalidade da culpa, à sua gravidade, ao eventual benefício económico retirado com a prática da contra-ordenação a que acresce a medida do incumprimento das recomendações do auto de advertência, a coacção, falsificação, simulação ou outro meio fraudulento (art. 18.º do RGCO, art. 559.º do CT e art. 234.º do CRCSS)[68].

Se a contra-ordenação respeitar ao âmbito da segurança e saúde no trabalho são, ainda, de considerar os princípios gerais de prevenção (art. 15.º/2 do RJSST), a permanência ou transitoriedade da factualidade constitutiva da infracção, o número de trabalhadores potencialmente afectados por essa situação e as medidas adoptadas pelo empregador para prevenir os riscos profissionais implicados (art. 559.º/2 do CT).

A proposta pode apontar para uma de três vias:

i. O arquivamento, por se considerar que não subsiste a conduta infraccional;

ii. A mera admoestação proferida por escrito, quando se conclua que a infracção é de reduzida gravidade e seja justificada pelo grau de culpa do agente, impedindo-se, neste caso, que o facto volte a ser apreciado como contra-ordenação (art. 51.º do RGCO);

---

[67] Seguimos neste passo de perto a doutrina do Parecer n.º 84/2007 da PGR.

[68] O Ac. TRel de Coimbra, de 29-3-2001, refere que "*A decisão que aplique uma coima deve conter genericamente: a identificação do arguido; a descrição dos factos imputados, com indicação das provas obtidas; as normas punitivas e a fundamentação da decisão*"

iii. A decisão condenatória de aplicação de uma coima e/ou sanção acessória (art. 58.º do RGCO e art. 25.º do RPCOLSS).

Se houver lugar a aplicação de sanções acessórias (art. 562.º do CT e 238.º do CRCSS), as mesmas devem ser, também, incluídas na proposta de decisão. Do mesmo modo, a proposta deve compreender, quando for caso disso, a referência sobre a ordem de pagamento do montante de retribuição em dívida a trabalhadores, a ser efectuado no prazo para o pagamento da coima[69].

A decisão final que aplicar a coima, quando concordante com a proposta, pode consistir em mera remissão para os respectivos fundamentos (art. 25.º/5 do RPCOLSS e art. 125.º do CPA)[70], mas das respectivas peças tem que resultar, no mínimo, a satisfação de um conteúdo determinado (art. 25.º/1 a 3 do RPCOLSS e art. 58.º do RGCO) bem como, a fixação das respectivas custas e de quem as deve suportar (art. 92.º/2 do RGCO). Quando o arguido não tiver exercido o direito de defesa a descrição da factualidade, das provas e das circunstâncias consideradas relevantes para a decisão pode ser feita por remissão simples para o auto de notícia ou para a participação (art. 25.º/4 do RPCOLSS). Esta *"é uma técnica que se tem vindo a introduzir nos mais diferentes regimes processuais e que visa evitar o desperdício de tempo com reprodução de textos que já constam do processo..."* que não deve prejudicar o dever de fundamentação da decisão e a sua cognoscibilidade, incluído um *"conhecimento perfeito e completo dos factos e das provas que foram considerados para o condenar"*[71].

---

[69] A este propósito, o Estatuto da IGT (art. 16.º/4) diz que *"em caso de não pagamento das quantias em dívida, o respectivo apuramento realizado em auto de notícia ou inquérito prévio constitui título executivo, aplicando-se as normas do processo comum de execução para pagamento de quantia certa"*, enviando-se o processo ao tribunal competente, o que pode ajudar a contornar a dificuldade criada pelo pagamento voluntário de coima em processo com apuramento de créditos que não sejam liquidados.

[70] Cfr. também Ac. n.º 50/2003 do TC, *in* DR, 2.ªS, de 16-4-2003.

[71] Cfr. Ac. n.º 339/2008 do TC, *in* DR, 2.ªS, de 21-7-2008.

As custas, na fase administrativa do processo, abarcam os honorários dos defensores oficiosos, emolumentos de peritos, indemnização de testemunhas, despesas de transportes e de comunicação (art. 94.º do RGCO e art. 16.º e 17.º do RCP), não havendo lugar ao pagamento de taxa de justiça (art. 93.º do RGCO), aplicando-se o RCP devidamente adaptado (art. 59.º do RPCOLSS).

A decisão final é notificada ao arguido, por carta registada com aviso de recepção (art. 8.º/1 do RPCOLSS) e deve conter os esclarecimentos necessários sobre a admissibilidade, forma e prazo de impugnação (art. 46.º/2 do RGCO). Este pode acatá-la, pagando a coima e cumprindo a sanção acessória. O pagamento em prestações pode ser autorizado (art. 27.º do RPCOLSS e o art. 88.º do RGCO), mas havendo créditos laborais e dívidas à segurança social, estes deverão ser pagos com a primeira prestação e por esta ordem. O arguido pode impugná-la junto do tribunal de trabalho no prazo de 20 dias (art. 32.º, 33.º e 34.º do RPCOLSS, art. 59.º/1/3 e art. 61.º/1 do RGCO e art. 87.º da LOFT) ou, ainda nada fazer, circunstância em que, uma vez ultrapassado o prazo referido, a decisão torna-se definitiva (art. 79.º do RGCO) e, depois, executável (art. 26.º do RPCOLSS e art. 88.º do RGCO).

4.8. A impugnação judicial

O recurso de impugnação judicial (art. 59.º do RGCO) é apresentado à ACT ou ao ISS (art. 33.º/2 do RPCOLSS), pelo próprio arguido e, no caso de pessoas colectivas, por quem legalmente as represente ou, em qualquer dos casos, pelo respectivo defensor. O recurso é uma peça escrita e o seu conteúdo compreende alegações e conclusões: a identificação do recorrente, a indicação da coima aplicada, do processo de que se discorda, alegações de facto e de direito ou a fundamentação da impugnação, conclusões sumárias e o pedido que, em concreto, é dirigido ao tribunal.

Este recurso tem efeito meramente devolutivo (art. 35.º/1 do RPCOLSS), pelo que a decisão da autoridade administrativa é uma decisão final e pode ser executada. Para que assim não seja, isto é para que o recurso tenha efeito suspensivo, o recorrente deve depositar o valor da coima e das custas ou apresentar garantia bancária (art. 35.º/2/3 do RPCOLSS).

O prazo de 20 dias para a interposição de recurso, não é um prazo judicial[72] porque se trata de acto a ser concretizado junto da Administração. Não obstante, à contagem deste prazo são aplicáveis as disposições do CPP (art. 6.º/1 do RPCOLSS). Assim sendo, o prazo é contínuo, não se suspende durante as férias judiciais mas, se terminar num dos seus dias, transfere-se para o primeiro dia útil subsequente (art. 144.º/1/2 do CPC). No caso dos dias de tolerância de ponto em que os funcionários públicos estão dispensados de comparecer ao serviço, esses dias contam-se como dias úteis mas, se o fim do prazo terminar num desses dias, passa para o dia útil imediato[73]. Anota-se, finalmente, que o recurso de impugnação das custas deve ser apresentado no prazo de 10 dias (art. 95.º do RGCO).

Uma vez recebido o recurso, a ACT ou o ISS envia os autos, no prazo de dez dias, ao MP. O MP *"deve aproveitar este espaço processual para emitir parecer sobre a admissibilidade do recurso e sobre a forma de decisão do mesmo"*[74] e, então, faz sempre presentes os autos ao juiz, transmutando-se a decisão administrativa em acusação (art. 37.º do RPCOLSS e art. 62.º/1 do RGCO). Com esta remessa, a autoridade administrativa deixa de ter competências sobre o processo o qual entra na sua fase jurisdicional[75]. O recurso pode ser instruído pela ACT ou o ISS com a apresentação de alegações ou, se entender ser a razão do recorrente evidente, terminar pela revogação da decisão (art. 36.º/1/2 do RPCOLSS e art. 62.º/2 do

---

[72] Cfr. Ac. n.º 2/94 do STJ, de 10-3-94, *in* DR, 1.ªS, de 7-5-1994.

[73] Cfr. Ac. n.º 8/96 do STJ, de 10-10-96, *in* DR, 1.ªS-A, de 2-11-1996.

[74] Dantas, A. Leonês (2001). O Ministério Público no Processo das Contra-Ordenações, *Questões Laborais,* n.º 17.

[75] Cfr. Ac. TRel de Coimbra, Rec 3562/2000, de 18-4-2001.

RGCO). A reforma da decisão por parte da ACT ou do ISS, corrigindo-a ou completando-a, embora não esteja prevista no RGCO[76], está hoje expressamente consagrada quanto ao processo de contra-ordenação laboral e de segurança social (art. 36.º/2 do RPCOLSS).

Os próprios tribunais, por falta de comando legal, entendem não ter a legitimidade para ordenar a reforma da decisão administrativa[77]. Mas, o tribunal pode concluir, fundamentadamente, por uma de três alternativas: não dá provimento ao recurso, entende reduzir a coima e/ou anular a sanção acessória ou, arquiva o processo (art. 39.º/3 do RPCOLSS). O recurso à figura da admoestação por parte do tribunal (art. 51.º do RGCO) foi substancialmente limitado aos casos de infracção leve (art. 48.º do RPCOLSS).

A decisão judicial pode ser feita por simples despacho que, em caso de concordância com a decisão administrativa, pode ser fundamentado por remissão (art. 39.º/1/4 do RPCOLSS) seja quanto aos factos, seja quanto ao direito aplicado. Importa, finalmente, ter presente que vigora neste processo o princípio da proibição da *reformatio in pejus* (art. 72.º-A do RGCO).

4.9. Os assistentes: a legitimidade dos sindicatos

No âmbito do direito do trabalho o papel dos sindicatos na defesa dos trabalhadores, tem um relevo de primeira grandeza como é bem expresso na adopção das Convenções da OIT n.º 87 sobre a Liberdade Sindical e a Protecção do Direito Sindical, de 1948[78] e n.º 135 relativa aos representantes dos trabalhadores, de 1971[79]. A lei

---

[76] Neste sentido, Ac. TRel de Lisboa, Proc. 8504/2003-4, de 14-1-2004.

[77] Cfr. Ribeiro, João Soares (2003). *Contra-Ordenações Laborais* (2.ª Ed), p. 203.

[78] Esta convenção é situada pela OIT no âmbito daquelas que protegem direitos humanos fundamentais. Foi ratificada por Portugal, através da L 45/77, de 19-4.

[79] Ratificada por Portugal através do Decreto n.º 263/76, de 29-3.

constitucional assegura às associações sindicais o direito a *"defender e promover a defesa dos direitos e interesses dos trabalhadores que representem"* (art. 56.º/1 da CRP) e o legislador laboral confere aos trabalhadores *"o direito de constituir associações sindicais a todos os níveis para defesa e promoção dos seus interesses sócio-profissionais"* (art. 440.º/1 do CT).

Estes comandos legais têm tradução ao nível do direito processual em várias situações. O direito processual do trabalho que reconhece às associações sindicais o direito a serem autoras em acções relativas a direitos respeitantes aos interesses colectivos que representem (art. 5.º/1 do CPT) e em representação e substituição de trabalhadores que o autorizem, presumindo-se essa autorização quando a associação sindical tenha comunicado por escrito essa intenção e o seu ao objecto ao trabalhador e este não declarar o contrário no prazo de 15 dias, designadamente em casos de *"violação, com carácter de generalidade, de direitos individuais de idêntica natureza de trabalhadores seu associados"* (art. 5.º/2/3 do CPT). De igual forma, é-lhes reconhecido o direito a requerer ao Tribunal de Trabalho a providência cautelar em caso de perigo sério e iminente para a segurança, a higiene ou a saúde dos trabalhadores (art. 44.º e ss do CPT). No âmbito do procedimento administrativo é reconhecido às associações sindicais a legitimidade para iniciar procedimento (art. 51.º/1 do CPA) *"nos casos em que elas aparecem a intervir na qualidade de representantes colectivos de interesses individuais"*[80]. Neste campo a jurisprudência constitucional tem considerado que a CRP (art. 56.º/1) *"confere às associações sindicais legitimidade, não apenas para defender interesses colectivos dos trabalhadores, mas ainda para a defesa colectiva dos interesses individuais, sem necessidade de conferir (ou comprovar) poderes de representação e de prova de filiação sindical"*[81] e que *"excluir as associações sindicais de promove-*

---

[80] Cfr. Oliveira, Mário Esteves *et al* (2003). *Código do Procedimento Administrativo Comentado*, (2.ª Ed.), pp. 282-283.

[81] Ac. n.º 118/97 do TC, *in* DR, 1.ªS-A, de 24-4-1997.

rem o início do procedimento administrativo ... não pode deixar de violar a norma constitucional da liberdade sindical"[82].

Este é, pois, o contexto do sistema de normas no qual se situa, no âmbito contra-ordenacional laboral e de segurança social, o direito de as associações sindicais representativas dos trabalhadores poderem constituir-se assistentes no processo de contra-ordenação (23.º do RPCOLSS). A lei de procedimento contra-ordenacional é parca quanto à concretização deste direito, referindo apenas que não são devidas quaisquer prestações pecuniárias/taxas de justiça (art. 23.º/3 do RPCOLSS) e que são aplicáveis, com as necessárias adaptações, as disposições do CPP (art. 23.º/2 do RPCOLSS, art. 41.º/1 do RGCO e art. 68.º a 70.º do CPP).

A doutrina sobre o assunto não abunda, a prática de exercício de tal direito por parte dos sindicatos traduzir-se-á numa expressão incipiente, razão pela qual não se conhece jurisprudência que tenha apreciado a matéria. Todavia, em função dos referenciais enunciados, parece poderem adiantar-se as seguintes ideias força para delimitar este direito[83]:

– O âmbito da legitimidade para as associações sindicais reporta-se a todos os processos em que a contra-ordenação se verifique relativamente aos trabalhadores que representem (art. 23.º/1 do RPCOLSS) o que, tendencialmente, abarca todos os processos de todas as infracções respeitantes a todos os diplomas que prevêem sanções aplicáveis de acordo com o regime do CT ou do CRCSS;

– Esta delimitação de âmbito é congruente com o disposto na norma constitucional sobre os direitos das associações sindicais (art. 56.º/1 e art. 20.º/1 da CRP) e a jurisprudência do TC sobre a promoção de procedimento administrativo;

---

[82] Ac. n.º 160/99 do TC, *in* DR, 2.ªS-A, de 16-2-2000.

[83] Cfr. a este propósito Ribeiro, João Soares (2003). *Contra-Ordenações Laborais* (2.ª Ed), pp. 276 e ss; Silva, Germano Marques da (2008). *Curso de Processo Penal I* (5.ª Ed), pp. 333 e ss.

- Não está previsto qualquer dever de dar a conhecer espontaneamente às associações sindicais do impulso processual contra-ordenacional, pelo que a intervenção sindical como assistente supõe a iniciativa desta;
- A constituição de assistente pode acontecer após a notificação ao arguido, em qualquer altura do processo, devendo aceitá-lo no estado em que se encontrar (art. 68.º/3 do CPP) e opera-se por despacho sobre requerimento da associação sindical interessada, depois de ouvido o arguido, sendo-lhe notificado o despacho (art. 68.º/4 do CPP e art. 46.º do RGCO);
- O assistente não intervém pessoalmente no processo e a sua intervenção faz-se através de mandatário judicial – advogado ou advogado estagiário – e, sendo vários os assistentes são representados por um só advogado (art. 70.º/1 do CPP);
- A posição processual do assistente é colaborativa da actividade de instrução da ACT ou do ISS na promoção da aplicação da lei (art. 68.º/1 do CPP), oferecendo provas e requerendo as diligências que se afigurem necessárias (art. 69.º/2-a do CPP) e interpondo recurso das decisões que sejam contrárias às pretensões por ele sustentadas no processo (art. 69.º/2-c do CPP), não fazendo sentido falar-se de "*dedução de acusação independente*" (art. 69.º/2-b do CPP);
- Para o efeito, o mandatário constituído tem acesso ao processo e devem, também, ser-lhe comunicadas as decisões relevantes (art. 46.º do RGCO).

4.10. A prescrição do procedimento contra-ordenacional

A prescrição do procedimento contra-ordenacional ocorre quando sobre a prática da contra-ordenação tenham decorrido 5 anos, qualquer que seja o valor da coima aplicável ou a gravidade da infracção (art. 52.º do RPCOLSS)[84]. A prescrição, que se inicia com a prática dos factos puníveis por contra-ordenação, interrompe-se com a notificação ao arguido da acusação – formulada no auto de notícia ou sob outra forma – ou, ainda, com outros factos relacionados com a concretização de actos processuais (art. 54.º do RPCOLSS e art. 28.º do RGCO). Nessa altura, todo o tempo decorrido se anula, voltando o prazo a iniciar-se após essa diligência.

A prescrição verifica-se, porém, quando, ressalvado apenas o tempo de suspensão, sobre a prática do facto tenha ocorrido o prazo normal acrescido de metade (art. 54.º/3 do RPCOLSS e art. 28.º/3 do RGCO).

4.11. A execução das coimas aplicadas e das custas

Expirado o prazo do pagamento da coima, isto é, 10 dias após a decisão se ter tornado definitiva (art. 88.º/1 do RGCO) sem que se mostre efectuado, a ACT ou o ISS procede à remessa dos autos ao MP junto do tribunal competente a quem incumbe promover a execução da coima e custas (art. 89.º do RGCO). Tendo havido condenação de responsável solidário pelo pagamento da coima, a execução poderá ser dirigida a qualquer dos co-obrigados. Relembra-se que a decisão transitada e não paga constitui título executivo (art. 26.º do RPCOLSS).

4.12. A prescrição da coima

A coima prescreve no prazo de 5 anos e a sua contagem só se inicia quando a decisão adquire carácter definitivo (art. 55.º do

---

[84] Este preceito afasta-se significativamente do regime geral, cujas regras de prescrição tem 3 níveis (1 ano, 3 anos e 5 anos), consoante o valor da coima aplicável seja inferior a € 2.493,99, entre este montante e € 49.879,79 ou acima desse valor (art. 27.º do RGCO).

RPCOLSS), isto é, depois de decorrido o prazo de impugnação de 20 dias úteis (art. 33.º/2 do RPCOLSS)[85].

A prescrição da coima suspende-se quando a execução for interrompida nos termos da lei ou quando for permitido o pagamento diferido, até 1 ano, (art. 88.º/4 do RGCO) ou em prestações, até 1 ano (art. 27.º/1 do RPCOLSS) e interrompe-se com o decurso da execução (art. 57.º/1 do RPCOLSS e art. 30.º do RGCO). Verifica-se a prescrição da coima quando, descontado o tempo da suspensão, tiver decorrido o prazo normal acrescido de metade ou seja, 7,5 anos (art. 57.º/2 do RPCOLSS). As sanções acessórias prescrevem no mesmo prazo da coima (art. 58.º do RPCOLSS e art. 31.º do RGCO).

---

[85] Também quanto à prescrição da coima se verifica um afastamento significativo do regime geral: 1 ou 3 anos conforme a coima seja até € 3.740,98 ou superior a esse montante (art. 29.º/1 do RGCO).

5
REGIME PROCESSUAL DAS CONTRA-ORDENAÇÕES LABORAIS E DE SEGURANÇA SOCIAL

Lei n.º 107/2009, de 14 de Setembro

A Assembleia da República decreta, nos termos da alínea *c)* do artigo 161.º da Constituição, o seguinte:

CAPÍTULO I
Objecto, Âmbito e Competência

Artigo 1.º
Objecto e âmbito

A presente lei estabelece o regime jurídico do procedimento aplicável às contra-ordenações laborais e de segurança social.

Anotação

1. A responsabilidade pelas contra-ordenações laborais encontra-se prevista no Capítulo II do Livro II do CT. Nos art. 548.º a 566.º do CT consagra-se a disciplina geral, de carácter substantivo, das contra-ordenações laborais. De entre os assuntos tratados nessa sede, destacam-se os seguintes:

– Noção e sujeitos das de contra-ordenações laborais (art. 548.º e 551.º);
– Cumprimento de dever omitido (art. 564.º);
– Escalões de gravidade, valores das coimas e critérios especiais (art. 553.º, 554.º, 555.º e 558.º);
– Determinação da medida da coima (art. 559.º);
– Dispensa de coima (art. 560.º);
– Punibilidade da negligência e dolo (art. 550.º e 557.º);
– Pluralidade de contra-ordenações (art. 558.º);
– Reincidência (art. 561.º);
– Sanções acessórias, dispensa e eliminação da publicidade (art. 562.º e 563.º);
– Registo nacional de infractores (art. 565.º); e,
– Regime subsidiário (art. 549.º).

2. Com interesse, ainda neste domínio, também os art. 14.º, 15.º e 16.º do Estatuto da IGT.

3. A disciplina geral, de carácter substantivo, das contra-ordenações de segurança social encontra-se, fundamentalmente, prevista no Parte IV do CRCSS. De entre os assuntos tratados nessa sede, destacam-se os seguintes:

– Noção e sujeitos das de contra-ordenações de segurança social (art. 221.º e 226.º);
– Comparticipação (art. 227.º);
– Escalões de gravidade, valores das coimas, atenuantes e agravamento da coima (art. 232.º, 233.º, 241.º e 242.º);
– Determinação da medida da coima (art. 234.º);
– Dispensa de coima (art. 244.º);
– Punibilidade da negligência (art. 228.º);
– Concurso de contra-ordenações (art. 235.º);
– Reincidência (art. 237.º);
– Sanções acessórias e sanção acessória necessária (art. 238.º e 243.º);
– Regime subsidiário (art. 3.º-d).

4. O âmbito das contra-ordenações de segurança social não se confina à disciplina do CRCSS, abrangendo também todas aquelas que são tipificadas no âmbito da legislação de desenvolvimento da LBSS, designadamente as que envolvem outros sujeitos do direito de segurança social.

Artigo 2.º
Competência para o procedimento de contra-ordenações

1 – O procedimento das contra-ordenações abrangidas pelo âmbito de aplicação da presente lei compete às seguintes autoridades administrativas:

a) À Autoridade para as Condições do Trabalho (ACT), quando estejam em causa contra-ordenações por violação de norma que consagre direitos ou imponha deveres a qualquer sujeito no âmbito de relação laboral e que seja punível com coima;

b) Ao Instituto da Segurança Social, I. P. (ISS, I. P.), quando estejam em causa contra-ordenações praticadas no âmbito do sistema de segurança social.

2 – Sempre que se verifique uma situação de prestação de actividade, por forma aparentemente autónoma, em condições características de contrato de trabalho, que possa causar prejuízo ao trabalhador ou ao Estado ou a falta de comunicação de admissão do trabalhador na segurança social, qualquer uma das autoridades administrativas referidas no número anterior é competente para o procedimento das contra-ordenações por esse facto.

Anotação

1. Corresponde ao art. 630.º/1 do CT/2003 e ao art. 14.º/1 do DL 64/89, de 25-2.

2. Preceito idêntico no art. 248.º do CRCSS. A propósito do principio *ne bis in idem*, cfr. o art. 62.º/2 da presente lei. Quanto à competência para decidir e à competência territorial, cfr., respectivamente, os art. 3.º e 4.º da presente lei. Sobre a conexão e os conflitos de competência, cfr. art. 24.º, 36.º, 37.º do CPP *ex vi* o art. 41.º do RGCO. Sobre conflitos e o controlo de competência entre autoridades administrativas, cfr. o art. 31.º, 33.º, 42.º e 43.º do CPA. Sobre a responsabilidade das pessoas colectivas, cfr. o art. 7.º do RGCO.

3. As definições orgânicas da ACT constam do DL 326-B/2007, de 28-9 e as do ISS constam do DL 214/2007, *de 29-5*. De interesse também o Estatuto da IGT. O TC pronunciou-se pela não inconstitucionalidade dos art. 4.º/2-c) e 6.º a 13.º daquele estatuto (Ac. n.º 62/2003 do TC, de 4-2 e n.º 283/2003, de 29-5, *in* www.tribunalconstitucional.pt).

4. *"Constitui contra-ordenação laboral o facto típico, ilícito e censurável que consubstancie a violação de uma norma que consagre direitos ou imponha deveres a qualquer sujeito no âmbito de relação laboral e que seja punível com coima"* (art. 548.º do CT). Quanto à contra-ordenação de segurança social, cfr. o art. 221.º do CRCSS.

5. Sobre os sujeitos das contra-ordenações laborais (art. 551.º do CT) aponta-se apenas o empregador, ainda que as condutas sejam praticadas por trabalhadores ao seu serviço e no exercício de funções. Esta noção de sujeito abrange também *"a pessoa colectiva, a associação sem personalidade jurídica ou a comissão especial"* (art. 551.º/2 do CT). Todavia, existem contra-ordenações laborais cujo agente não é o empregador. É o caso, designadamente, de sujeitos exteriores à relação de trabalho, como é o caso do dono de obra e do projectista da construção (DL 273/2003, de 9-10), do médico do trabalho (art. 17.º/2/5 do CT) ou do outro sujeito da relação de trabalho ou seja, o próprio trabalhador (art. 17.º/1-b/4 do RJSST).

6. Os sujeitos das contra-ordenações de segurança social abrangidos são *"o agente que o tipo contra-ordenacional estipular como tal, quer seja pessoa singular ou colectiva ou associação sem personalidade jurídica"* (art. 226.º/1 do CRCSS), bem como *"os beneficiários, contribuintes e estabelecimentos de apoio social"* (art. 5.º/5 do DL 214/2007).

7. *"A extinção, por fusão, de uma sociedade comercial, com os efeitos do artigo 112.º, alíneas a) e b), do Código das Sociedades Comerciais, não extingue o procedimento por contra-ordenação praticada anteriormente à fusão, nem a coima que lhe tenha sido aplicada"*. (Ac. n.º 5/2004 do STJ, de 2-6-2004, *in* DR, I.ªS-A, n.º 144, de 21-6-2004)

8. Sobre a *"prestação de actividade, por forma aparentemente autónoma, em condições características de contrato de trabalho"*, cfr. a presunção de laboralidade (art. 12.º do CT) *"quando, na relação entre a pessoa que presta uma actividade e outra ou outras que* *dela beneficiam, se verifiquem algumas das seguintes características: a) A actividade seja realizada em local pertencente ao seu beneficiário ou por ele determinado; b) Os equipamentos e instrumentos de trabalho utilizados pertençam ao beneficiário da actividade; c) O prestador de actividade observe horas de início e de termo da prestação, determinadas pelo beneficiário da mesma; d) Seja paga, com determinada periodicidade, uma quantia certa ao prestador de actividade, como contrapartida da mesma; e) O prestador de actividade desempenhe funções de direcção ou chefia na estrutura orgânica da empresa."*

ARTIGO 3.º
Competência para a decisão

1 – A decisão dos processos de contra-ordenação compete:

a) Ao inspector-geral do Trabalho (IGT), no caso de contra-ordenações laborais;

b) Ao conselho directivo do ISS, I. P., no caso de contra-ordenações praticadas no âmbito do sistema de segurança social.

2 – Nos termos do n.º 2 do artigo anterior a decisão dos processos de contra-ordenação compete ao inspector-geral do Trabalho quando o respectivo procedimento tiver sido realizado pela ACT e ao conselho directivo do ISS, I. P., quando tiver sido realizado pelo ISS, I. P.

3 – As competências a que se refere o presente artigo podem ser delegadas nos termos do Código do Procedimento Administrativo (CPA).

Anotação

1. Corresponde ao art. 630.º/2 do CT/2003 e ao art. 14.º do DL n.º 64/89, de 25-2.

2. Preceito idêntico no art. 248.º do CRCSS. Sobre as atribuições e competências da ACT e do ISS, cfr. anotações ao art. 2.º desta lei. Sobre os requisitos do acto de delegação, cfr. art. 37.º a 40.º do CPA. Cfr. o ponto 4.2 sobre o controle de competência material.

3. A falta de menção do uso da delegação de competências tem como consequência a anulabilidade da decisão adoptada pelo dirigente que proferiu (art. 38.º e 123.º/1-a do CPA). O recurso de anulação, face à forma de processo, é feito perante o Tribunal de Trabalho, mediante arguição de irregularidade (art. 123.º do CPP). Com uma justificação diversa, mas com a mesma conclusão cfr. Ac. TRel de Lisboa, Proc. 6191/2003-3, de 26-11-2003: *"O art. 38.º do CPA não é aplicável ao procedimento contra-ordenacional pelo que a falta de menção da subdelegação de competência seria uma mera irregularidade (art. 123.º CPP), já sanada"*.

4. *"Não existindo a possibilidade do recurso hierárquico, apenas podendo o acto ser atacado por via judicial, a indicação da delegação de poderes exigida pelo art. 38.º do CPA não é essencial, pois a sua falta não retira qualquer direito ou garantia ao administrado. Desta forma, porque em processo contra-ordenacional esta formalidade não se assume como essencial, tratando-se apenas de mera irregularidade, ela não afecta a validade do acto".* (Ac. TRel de Coimbra, Proc 529-2001, de 15-3-2001).

5. *"O facto de no despacho sancionatório proferido pelo Delegado do IDICT não se fazer menção de que agia na qualidade delegada, não configura um vício de incompetência ou de usurpação de poder, pois a competência existia por força do despacho de delegação de poderes, e também não configura um vício de forma, porquanto esse tipo de vício ocorre quando na formação ou na declaração da vontade da administração foi preterida qualquer formalidade essencial. A inobservância de qualquer um dos requisitos formais exigidos pelo art. 58.º do DL 244/95 não é sancionada com nulidade, nos termos dos art. 118.º a 122.º do CPP, mas configurará apenas uma irregularidade, nos termos do n.º 2 do art. 118.º CPP, pelo que, por maioria de razão, também nulidade não ocorre pelo facto de na decisão de aplicação de uma coima não se fazer referência à delegação de poderes para o efeito."* (Ac. TRel de Coimbra, Proc n.º 439-2001, de 3-5-2001).

Artigo 4.º
Competência territorial

São territorialmente competentes para o procedimento das contra-
-ordenações, no âmbito das respectivas áreas geográficas de actuação
de acordo com as competências previstas nas correspondentes leis
orgânicas:
  a) Os serviços desconcentrados da ACT em cuja área se haja
  verificado a contra-ordenação;
  b) Os serviços do ISS, I. P., em cuja área se haja verificado a
  contra-ordenação.

Anotação

1. Corresponde ao art. 631.º do CT/2003 e ao art. 14.º/1 do DL
64/89.
2. Sobre a competência territorial da rede de serviços da ACT e
do ISS, cfr. as respectivas definições orgânicas em anotação ao art.
2.º desta lei. Cfr. ainda o ponto 4.2.
3. *"O facto considera-se praticado no lugar em que, total ou
parcialmente e sob qualquer forma de comparticipação, o agente
actuou ou, no caso de omissão, devia ter actuado, bem como naquele
em que o resultado típico se tenha produzido"* (art. 6.º do RGCO).
*"Se a infracção for cometida a bordo de aeronave ou navio portu-
guês, fora do território nacional, será competente a autoridade em
cuja circunscrição se situe o aeroporto ou porto português que primeiro for escalado depois do cometimento da infracção"* (art. 35.º/2
do RCCO).
4. A incompetência territorial é conhecida e declarada oficiosamente até ao início da instrução (art. 32.º do CPP, *ex vi* o art. 41.º/1
do RGCO).

CAPÍTULO II
Actos processuais na fase administrativa

Artigo 5.º
Forma dos actos processuais

1 – No âmbito do procedimento administrativo, os actos processuais podem ser praticados em suporte informático com aposição de assinatura electrónica qualificada.

2 – Os actos processuais e documentos assinados nos termos do número anterior substituem e dispensam para quaisquer efeitos a assinatura autógrafa no processo em suporte de papel.

3 – Para os efeitos previstos nos números anteriores, apenas pode ser utilizada assinatura electrónica qualificada de acordo com os requisitos legais e regulamentares exigíveis pelo sistema de certificação electrónica do Estado.

4 – A tramitação processual no âmbito do procedimento administrativo pode ser efectuada informaticamente.

Anotação

1. Quanto à exequibilidade da utilização de suportes informáticos, cfr. art. 65.º/2 da presente lei. Cfr. ainda o art. 138.º/5 e 138.º-A do CPC, *ex vi* o art. 4.º do CPP quanto utilização de meios informáticos e tramitação electrónica.

2. O regime jurídico dos documentos electrónicos e da assinatura electrónica consta do DL 290-D/99, de 2-8, e o sistema de certificação electrónica do Estado consta do DL 116-A/2006, de 16-6 cujas últimas alterações constam do DL 88/2009 de 9-4 que procede à republicação de ambos os diplomas. O Decreto Regulamentar n.º 25/2004 de 15-7 executa alguns aspectos do regime jurídico dos documentos electrónicos e da assinatura electrónica.

3. *"Entende-se por procedimento administrativo a sucessão ordenada de actos e formalidades tendentes à formação e manifestação da vontade da Administração Pública ou à sua execução"* e por

"processo administrativo o conjunto de documentos em que se traduzem os actos e formalidades que integram o procedimento administrativo" (art. 1.º do CPA).

4. Quanto à língua dos actos e à eventual nomeação de intérprete, à participação de deficiente auditivo ou de mudo, à forma escrita dos actos, às assinaturas e à oralidade dos actos, cfr. os art. 92.º a 96.º do CPP.

Artigo 6.º
Contagem dos prazos

1 – À contagem dos prazos para a prática de actos processuais previstos na presente lei são aplicáveis as disposições constantes da lei do processo penal.

2 – A contagem referida no número anterior não se suspende durante as férias judiciais.

Anotação

1. Esta norma é inovadora neste tipo de processo contra-ordenacional, o qual estava sujeito ao regime do CPA.

2. Aplicam-se à contagem dos prazos para a prática de actos processuais as disposições da lei do CPC (art. 104.º/1 do CPP), embora não se suspenda durante as ferias judiciais. *"O prazo processual ... é contínuo ..."* e *"quando o prazo para a prática do acto processual terminar em dia em que os tribunais estiverem encerrados, transfere-se o seu termo para o primeiro dia útil seguinte"*, considerando-se *"encerrados os tribunais quando for concedida tolerância de ponto"* (art. 144.º/1/2/3 do CPC). *"Salvo disposição legal em contrário, é de 10 dias o prazo para a prática de qualquer acto processual"* (art. 105.º/1 do CPP). Cfr. o ponto 4.8. quanto aos prazos para interposição de recurso.

ARTIGO 7.º
Notificações

1 – As notificações são dirigidas para a sede ou para o domicílio dos destinatários.

2 – Os interessados que intervenham em quaisquer procedimentos levados a cabo pela autoridade administrativa competente, devem comunicar, no prazo de 10 dias, qualquer alteração da sua sede ou domicílio.

3 – Se do incumprimento do disposto no número anterior resultar a falta de recebimento pelos interessados de notificação, esta considera-se efectuada para todos os efeitos legais, sem prejuízo do disposto no artigo seguinte.

Anotação

1. A notificação das sociedades deve fazer-se por meio de carta registada com aviso de recepção, endereçada para a sede ou no local onde funciona normalmente a administração, podendo o aviso de recepção ser assinado pelo legal representante ou por qualquer empregado ao seu serviço (art. 236.º/1 e 237.º do CPC, *ex vi* o art. 4.º do CPP e art. 41.º do RGCO).

2. Por regra, "*Todas as decisões, despachos e demais medidas tomadas pelas autoridades administrativas serão comunicadas às pessoas a quem se dirigem e tratando-se de medida que admita impugnação sujeita a prazo, a comunicação revestirá a forma de notificação, que deverá conter os esclarecimentos necessários sobre admissibilidade, prazo e forma de impugnação*" (art. 46.º do RGCO). A distinção entre notificação e comunicação desapareceu da nomenclatura do RPCOLSS.

3. Quanto aos diversos tipos de notificação, cfr. notas aos art. 8.º, 17.º, 18.º e 19.º (notificação da acusação e pagamento voluntário, bem como da decisão condenatória), art. 9.º (notificação de outros actos na pendência do processo) e art. 11.º (notificação dos procedimentos inspectivos).

Artigo 8.º
Notificação por carta registada

1 – As notificações em processo de contra-ordenação são efectuadas por carta registada, com aviso de recepção, sempre que se notifique o arguido do auto de notícia, da participação e da decisão da autoridade administrativa que lhe aplique coima, sanção acessória ou admoestação.

2 – Sempre que o notificando se recusar a receber ou assinar a notificação, o distribuidor do serviço postal certifica a recusa, considerando-se efectuada a notificação.

3 – A notificação por carta registada considera-se efectuada na data em que seja assinado o aviso de recepção ou no 3.º dia útil após essa data, quando o aviso seja assinado por pessoa diversa do notificando.

Anotação

1. Cfr. o art. 47.º do RGCO sobre a notificação de decisões no âmbito dos processo de contra-ordenação. Quanto às regras gerais sobre notificações, cfr. o art. 113.º do CPP.

2. Apesar de não estar expressamente referido, o auto de infracção (art. 14.º desta lei) e a notificação ao arguido das infracções de segurança social (art. 18.º desta lei), por identidade de razão, também devem ser objecto da forma referida neste artigo (cfr. o ponto 4.4).

Artigo 9.º
Notificação na pendência de processo

1 – As notificações efectuadas na pendência do processo não referidas no n.º 1 do artigo anterior são efectuadas por meio de carta simples.

2 – Quando a notificação seja efectuada por carta simples deve ficar expressamente registada no processo a data da respectiva expedição e a morada para a qual foi enviada, considerando-se a notificação

efectuada no 5.º dia posterior à data ali indicada, devendo esta cominação constar do acto de notificação.

3 – Sempre que exista o consentimento expresso e informado do arguido ou este se encontre representado por defensor constituído, as notificações referidas no número anterior podem ser efectuadas por telefax ou via correio electrónico.

4 – Para efeitos do disposto no número anterior, considera-se consentimento expresso e informado a utilização de telefax ou correio electrónico pelo arguido como meio de contactar a autoridade administrativa competente.

5 – Quando a notificação seja efectuada por telefax ou via correio electrónico, presume-se que foi feita na data da emissão, servindo de prova, respectivamente, a cópia do aviso onde conste a menção de que a mensagem foi enviada com sucesso, bem como a data, hora e número de telefax do receptor ou extracto da mensagem efectuada, o qual será junto aos autos.

6 – Sempre que o arguido se encontre representado por defensor legal as notificações são a este efectuadas.

Anotação

1. Cfr. o art. 47.º do RGCO. Cfr. o ponto 4.1.

2. *"A decisão administrativa de um processo de contra-ordenação deve ser notificada ao arguido e ao seu mandatário, quando exista. A fase administrativa de processo contra-ordenacional não é contraditória, razão pela qual o arguido e o seu mandatário não têm direito a assistir a todos os actos de produção de prova"*, pelo que a falta de notificação desta decisão ao mandatário *"é meramente irregular"* (art. 118.º do CPP) cuja arguição deve ser feita nos termos do art. 123.º/1 do CPP (Ac. TRel Lisboa, Proc. 5612/2003-3, de 3-12-2003).

CAPÍTULO III
Da acção inspectiva

ARTIGO 10.º
Procedimentos inspectivos

1 – No exercício das suas funções profissionais o inspector do trabalho efectua, sem prejuízo do disposto em legislação específica, os seguintes procedimentos:
   a) Requisitar, com efeitos imediatos ou para apresentação nos serviços desconcentrados do serviço com competência inspectiva do ministério responsável pela área laboral, examinar e copiar documentos e outros registos que interessem para o esclarecimento das relações de trabalho e das condições de trabalho;
   b) Notificar o empregador para adoptar medidas de prevenção no domínio da avaliação dos riscos profissionais, designadamente promover, através de organismos especializados, medições, testes ou peritagens incidentes sobre os componentes materiais de trabalho;
   c) Notificar para que sejam adoptadas medidas imediatamente executórias, incluindo a suspensão de trabalhos em curso, em caso de risco grave ou probabilidade séria da verificação de lesão da vida, integridade física ou saúde dos trabalhadores;
   d) Levantar autos de notícia e participações, relativamente a infracções constatadas no exercício das respectivas competências, podendo ainda levantar autos de advertência em caso de infracções classificadas como leves e das quais ainda não tenha resultado prejuízo grave para os trabalhadores, para a administração do trabalho ou para a segurança social.

2 – No exercício das suas funções profissionais o inspector da segurança social efectua, sem prejuízo dos previstos em legislação específica, os seguintes procedimentos:

a) Requisitar e copiar, com efeitos imediatos, para exame, consulta e junção aos autos, livros, documentos, registos, arquivos e outros elementos pertinentes em poder das entidades cuja actividade seja objecto da sua acção e que interessem à averiguação dos factos objecto da acção inspectiva;

b) Levantar autos de notícia e participações, relativamente a infracções constatadas no exercício das respectivas competências, podendo ainda levantar autos de advertência em caso de infracções classificadas como leves e das quais ainda não tenha resultado prejuízo grave para a segurança social;

c) Notificar trabalhadores, beneficiários ou não, bem como entidades empregadoras, que sejam encontrados em situação de infracção, podendo igualmente proceder à notificação de outros cidadãos, com vista à sua inquirição como testemunhas e ou declarantes, com a faculdade de reduzir a escrito os respectivos depoimentos;

d) Direito de acesso livre-trânsito, nos termos da lei, pelo tempo e horário necessários ao desempenho das suas funções, nas instalações das entidades sujeitas ao exercício das suas atribuições;

e) Obter, das entidades fiscalizadas para apoio nas acções de fiscalização, a cedência de instalações adequadas, material e equipamento próprio, bem como a colaboração de pessoal que se mostre indispensável;

f) Trocar correspondência, em serviço, com todas as entidades públicas ou privadas sobre assuntos de serviço da sua competência;

g) Requisitar a colaboração necessária das autoridades policiais e administrativas, para o exercício das suas funções.

3 – O inspector do trabalho ou da segurança social, consoante os casos, pode, caso assim o entenda, notificar ou entregar imediatamente ao infractor os instrumentos referidos nos n.os 1 e 2.

4 – A notificação ou a entrega deve ser feita com a indicação da contra-ordenação verificada, das medidas recomendadas ao infractor

e do prazo para o seu cumprimento, avisando-o de que o incumprimento das medidas recomendadas influi na determinação da medida da coima.

Anotação

1. Quanto aos poderes das inspecções em geral, cfr. o regime jurídico da actividade de inspecção, auditoria e fiscalização (DL 276/2007, de 31-7).
2. Quanto à actividade dos inspectores do trabalho, cfr. a respectiva legislação específica: as Convenções n.º 81 e n.º 129 da OIT, sobre a inspecção do trabalho e o Estatuto da IGT.
3. Quanto aos poderes dos inspectores da segurança social, cfr. a orgânica do ISS (art. 11.º e 20.º do DL 214/2007).
4. Cfr. o desenvolvimento constante do ponto 4.1, em especial sobre a utilização do auto de advertência.
5. Quanto à adopção de medidas imediatamente executórias, designadamente a suspensão imediata dos trabalhos em curso, cfr. o art. 13.º/2-b da Convenção n.º 81 da OIT, o art. 18.º/2-b da Convenção n.º 81 da OIT, os art. 3.º/2, 84.º e 103.º/1-a do CPA e os art. 15.º/6 e 17.º/1-e-f/2 do RJSST.
6. Sobre os efeitos do incumprimento das medidas recomendados pelos inspectores, cfr. o art. 18.º do RGCO, o art. 559.º/1 do CT e o art. 234.º do CRCSS.

ARTIGO 11.º
Notificação no âmbito de procedimentos inspectivos)

No caso de entrega imediata, a notificação considera-se feita na pessoa do infractor quando seja efectuada em qualquer pessoa que na altura o represente, ou na sua falta, em qualquer trabalhador que se encontre a exercer funções no local.

Anotação

1. Cfr. o art. 10.º/3/4 da presente lei. Cfr. o ponto 4.1.

2. A notificação efectuada através de *"qualquer trabalhador que se encontre a exercer funções no local"* pressupõe uma vinculação contratual do trabalhador ao «infractor».

Artigo 12.º
Modo e lugar do cumprimento

1 – Se o cumprimento da norma a que respeita a contra-ordenação for comprovável por documentos, o sujeito responsável exibe ou envia a título devolutivo os documentos comprovativos do cumprimento no serviço territorialmente competente da respectiva autoridade administrativa, dentro do prazo fixado.

2 – No caso de contra-ordenação não abrangida pelo disposto no número anterior, o inspector pode ordenar ao sujeito responsável pela contra-ordenação que, dentro do prazo fixado, comunique ao serviço territorialmente competente que tomou as medidas necessárias para cumprir a norma.

Anotação

Cfr. o art. 10.º/1-a/2-a da presente lei. Cfr. o art. 552.º do CT sobre a apresentação de documentos aos inspectores do trabalho.

CAPÍTULO IV
Tramitação processual

SECÇÃO I
Da fase administrativa

Artigo 13.º
Auto de notícia e participação

1 – O auto de notícia e a participação são elaborados pelos inspectores do trabalho ou da segurança social, consoante a natureza das contra-ordenações em causa.

2 – Sem prejuízo do disposto em legislação especial, há lugar a auto de notícia quando, no exercício das suas funções o inspector do trabalho ou da segurança social, verificar ou comprovar, pessoal e directamente, ainda que por forma não imediata, qualquer infracção a normas sujeitas à fiscalização da respectiva autoridade administrativa sancionada com coima.

3 – Consideram-se provados os factos materiais constantes do auto de notícia levantado nos termos do número anterior enquanto a autenticidade do documento ou a veracidade do seu conteúdo não forem fundadamente postas em causa.

4 – Relativamente às infracções de natureza contra-ordenacional cuja verificação não tenha sido comprovada pessoalmente pelo inspector do trabalho ou da segurança social, há lugar à elaboração de participação instruída com os elementos de prova disponíveis e a indicação de, pelo menos, duas testemunhas e o máximo de cinco, independentemente do número de contra-ordenações em causa.

Anotação

1. O n.º 2 corresponde ao art. 633.º/1 do CT/2003 e ao art. 19.º/1 do DL 64/89. O n.º 4 corresponde ao art. 633.º/2 do CT/2003.

2. Cfr. o art. 54.º do RGCO quanto à iniciativa da instrução. Cfr. o art. 169.º do CPP quanto ao valor probatório dos documentos autênticos e o art. 370.º do CC quanto à presunção de autenticidade dos documentos emitidos por autoridade pública. Cfr. o ponto 4.3 sobre este tema.

ARTIGO 14.º
Auto de infracção

1 – O auto de infracção é levantado por qualquer técnico da segurança social.

2 – Há lugar a auto de infracção quando seja verificada por qualquer técnico no exercício das suas funções infracção correspondente a contra-ordenação da segurança social.

3 – Consideram-se provados os factos materiais constantes do auto levantado nos termos do número anterior enquanto a autenticidade do documento ou a veracidade do seu conteúdo não forem fundadamente postas em causa.

Anotação

Cfr. a anotação aos art. 8.º e 13.º da presente lei.

ARTIGO 15.º
**Elementos do auto de notícia,
da participação e do auto de infracção**

1 – O auto de notícia, a participação e o auto de infracção referidos nos artigos anteriores mencionam especificadamente os factos que constituem a contra-ordenação, o dia, a hora, o local e as circunstâncias em que foram cometidos e o que puder ser averiguado acerca da identificação e residência do arguido, o nome e categoria do autuante ou participante e, ainda, relativamente à participação, a identificação e a residência das testemunhas.

2 – Quando o responsável pela contra-ordenação seja uma pessoa colectiva ou equiparada, indica-se, sempre que possível, a sede da pessoa colectiva e a identificação e a residência dos respectivos gerentes, administradores ou directores.

3 – No caso de subcontrato, indica-se, sempre que possível, a identificação e a residência do subcontratante e do contratante principal.

Anotação

1. Corresponde ao art. 634.º do CT/2003 e aos art. 19.º e 20.º do DL 64/89.

2. Cfr. os art. 243.º e 389.º/2 do CPP. Cfr. o ponto 4.3.

Artigo 16.º

Impedimentos

O autuante ou o participante não podem exercer funções instrutórias no mesmo processo.

Anotação

1. Corresponde ao n.º 2 do art. 639.º do CT/2003.

2. Cfr. o ponto 3.3.

3. *"No regime geral das contra-ordenações não vigora o princípio do acusatório, que impede que a entidade julgadora tenha exercido funções de investigação preliminar e de acusação das infracções..."* (Ac. TRel de Lisboa, Proc. 0049354, de 25-9-2002).

Artigo 17.º

Notificação ao arguido das infracções laborais

1 – O auto de notícia, a participação e o auto de infracção são notificados ao arguido, para, no prazo de 15 dias, proceder ao pagamento voluntário da coima.

2 – Dentro do prazo referido no número anterior, pode o arguido, em alternativa, apresentar resposta escrita ou comparecer pessoalmente para apresentar resposta, devendo juntar os documentos probatórios de que disponha e arrolar ou apresentar testemunhas, até ao máximo de duas por cada infracção.

3 – Quando tiver praticado três ou mais contra-ordenações a que seja aplicável uma coima única, o arguido pode arrolar até ao máximo de cinco testemunhas por todas as infracções.

Anotação

1. Os n.ᵒˢ 1 e 2 correspondem ao art. 635.º do CT/2003.

2. Cfr. os art. 50.º e 53.º do RGCO quanto ao direito de audição e defesa do arguido e ao papel do defensor. Quanto à posição processual do arguido cfr. os art. 57.º a 62.º do CPP. Quanto à forma da notificação cfr. ao art. 8.º da presente lei. Cfr. ainda o ponto 4.4.

3. Sobre as declarações do arguido quando comparece pessoalmente para apresentar resposta ou no caso de representante legal de arguido que seja pessoa colectiva, cfr. os art. 140.º e 133.º/1 do CPP.

4. *"Quando, em cumprimento do disposto no art. 50.º do RGCO, o órgão instrutor optar, no termo da instrução contra-ordenacional, pela audiência escrita do arguido, mas, na correspondente notificação não lhe oferecer todos os elementos necessários para que este fique a conhecer a totalidade dos aspectos relevantes para a decisão, nas matérias de facto e de direito, o processo ficará doravante afectado de nulidade, dependente de arguição, pelo interessado/notificado, no prazo de 10 dias após a notificação, perante a própria administração, ou, judicialmente, no acto de impugnação da subsequente decisão/acusação administrativa"* (Assento do STJ n.º 1/2003, de 16-10-2002, in DR, 1.ªS-A, de 25-1-2003).

Artigo 18.º
Notificação ao arguido
das infracções de segurança social

1 – O arguido é notificado dos factos que lhe são imputados para, no prazo de 15 dias, proceder ao pagamento voluntário da coima, ou para contestar, querendo, devendo apresentar os documentos probatórios de que disponha e arrolar testemunhas, até ao máximo de duas por cada infracção.

2 – Quando tiver praticado três ou mais contra-ordenações a que seja aplicável uma coima única, o arguido pode arrolar até ao máximo de cinco testemunhas por todas as infracções.

Anotação

1. Corresponde ao art. 25.º do DL 64/89.
2. Cfr. as anotações ao artigo anterior e o ponto 4.4.

Artigo 19.º
Pagamento voluntário da coima

1 – Em qualquer altura do processo, mas sempre antes da decisão da autoridade administrativa competente, nos casos em que a infracção seja qualificada como leve, grave ou muito grave praticada com negligência, o arguido pode proceder ao pagamento voluntário da coima, nos termos seguintes:

a) Em caso de pagamento voluntário da coima efectuado no prazo de 15 dias estabelecido no n.º 1 dos artigos 17.º e 18.º, a coima é liquidada pelo valor mínimo que corresponda à contra-ordenação praticada com negligência, devendo ter em conta o agravamento a título de reincidência, sem custas processuais;

b) Em caso de pagamento voluntário da coima efectuado posteriormente ao decurso do prazo previsto na alínea anterior, mas antes da decisão da autoridade administrativa competente, a coima é liquidada pelo valor mínimo que corresponda à contra-ordenação praticada com negligência, devendo ter em conta o agravamento a título de reincidência, acrescido das devidas custas processuais.

2 – Se a contra-ordenação consistir na falta de entrega de mapas, relatórios ou outros documentos ou na omissão de comunicações obrigatórias, o pagamento voluntário da coima só é possível se o arguido sanar a falta no mesmo prazo.

3 – O pagamento voluntário da coima, nos termos do n.º 1, equivale a condenação e determina o arquivamento do processo, não podendo o mesmo ser reaberto, e não podendo os factos voltar a ser apreciados como contra-ordenação, salvo se à contra-ordenação for aplicável sanção acessória, caso em que prossegue restrito à aplicação da mesma.

4 – Se o infractor agir com desrespeito das medidas recomendadas no auto de advertência, a coima pode ser elevada até ao valor mínimo do grau que corresponda à infracção praticada com dolo.

Anotação

1. O n.º 1, al. a) corresponde ao art. 636.º/1/ 3 do CT/2003. A al. b) já resultava da *praxis* da ex-IGT. O n.º 2 corresponde ao art. 636.º/2 do CT/2003. O n.º 3 diverge do art. 636.º/5 do CT/2003, segundo o qual o pagamento voluntário da coima equivalia a condenação apenas para o efeito do arguido ser considerado reincidente.

2. Cfr. o art. 50.º-A do RGCO. Cfr. o ponto 4.5.

3. Quanto ao pagamento em prestações cfr. anotação ao art. 27.º da presente lei.

4. O TC considerou inconstitucional a interpretação segundo a qual ... "*Paga voluntariamente a coima, ao arguido não é consentido, na fase de impugnação judicial da decisão administrativa que aplicou a sanção acessória ... discutir a existência da infracção.*" (Ac. TC n.º 135/2009 *in* DR 1.ªS de 4-5-2009).

5. "*Não aproveitando a arguida da faculdade do pagamento voluntário da coima ... pelo seu montante mínimo correspondente à infracção praticada com negligência ... nenhuma expectativa legítima pode manter de que a decisão final ou a sentença em fase de*

recurso vá fixar essa coima no dito montante mínimo." (Ac TRel de Coimbra, Proc. 666/05.TTTMR.C1, de 16-11-2006).

Artigo 20.º
Responsabilidade solidária pelo pagamento da coima

O disposto nos artigos 17.º, 18.º e 19.º é aplicável, com as necessárias adaptações, ao sujeito solidariamente responsável pelo pagamento da coima.

Anotação

1. Corresponde ao art. 637.º do CT/2003.
2. Cfr. o art. 551.º/3/4 do CT e o art. 226.º do CRCSS. Cfr. o ponto 4.4.

Artigo 21.º
Testemunhas

1 – As testemunhas indicadas pelo arguido na resposta escrita devem por ele ser apresentadas na data, na hora e no local indicados pela entidade instrutora do processo.

2 – Os depoimentos prestados nos termos do número anterior podem ser documentados em meios técnicos áudio-visuais.

3 – Os depoimentos ou esclarecimentos recolhidos nos termos do número anterior não são reduzidos a escrito, nem é necessária a sua transcrição para efeitos de recurso, devendo ser junta ao processo cópia das gravações.

Anotação

1. Cfr. o art. 52.º do RGCO sobre os deveres das testemunhas e peritos. Cfr. os art. 128.º a 139.º do CPP sobre a prova testemunhal. Quanto aos meios audiovisuais, cfr. o art. 65.º/2 da presente lei. Cfr. o ponto 4.6.

2. "*A omissão da inquirição de testemunhas arroladas pela arguida tem que ser entendida com redundando na insuficiência do inquérito, o que constitui uma nulidade, embora dependente de arguição ...* (art. 120.º/2 do CPP *ex vi* art. 41.º/1 do RGCO) ... *até à audiência do recurso de impugnação judicial ou, na falta de audiência, até à resposta à notificação da decisão administrativa condenatória. Tal nulidade, porém, deve considera-se como sanada se no recurso de impugnação judicial a arguida arrola as testemunhas cuja inquirição não teve lugar e se nessa fase processual o juiz procedeu à dita inquirição*" (Ac TRel de Coimbra, Proc. 666/05.TTTMR.C1, de 16-11-2006).

Artigo 22.º
Adiamento da diligência de inquirição de testemunhas

1 – A diligência de inquirição de testemunhas apenas pode ser adiada uma única vez, ainda que a falta à primeira marcação tenha sido considerada justificada.

2 – Considera-se justificada a falta motivada por facto não imputável ao faltoso que o impeça de comparecer no acto processual.

3 – A impossibilidade de comparecimento deve ser comunicada com cinco dias de antecedência, se for previsível, e no dia e hora designados para a prática do acto ou no prazo de vinte e quatro horas em caso de manifesta impossibilidade, se for imprevisível, constando da comunicação a indicação do respectivo motivo e da duração previsível do impedimento, sob pena de não justificação da falta.

4 – Os elementos de prova da impossibilidade de comparecimento devem ser apresentados com a comunicação referida no número anterior.

Anotação

Quanto à recusa injustificada para prestar depoimento, cfr. o art. 52.º/2 do RGCO e sobre a justificação da falta de comparecimento o art. 117.º do CPP. Cfr. o ponto 4.6.

Artigo 23.º
Legitimidade das associações sindicais como assistentes

1 – Nos processos instaurados no âmbito da presente secção, podem constituir-se assistentes as associações sindicais representativas dos trabalhadores relativamente aos quais se verifique a contra-ordenação.

2 – À constituição de assistente são aplicáveis, com as necessárias adaptações, as disposições do Código de Processo Penal.

3 – Pela constituição de assistente não são devidas quaisquer taxas.

Anotação

1. Corresponde ao art. 640.º do CT/2003.
2. Cfr. o art. 18.º do Estatuto da IGT quanto aos direitos das associações sindicais e o art. 69.º, 70.º e 145.º do CPP. Cfr. o ponto 4.9.

Artigo 24.º
Prazo para a instrução

1 – O prazo para a conclusão da instrução é de 60 dias.

2 – O prazo referido no número anterior pode ser sucessivamente prorrogado por iguais períodos em casos devidamente fundamentados.

3 – Para efeitos do n.º 1, a contagem do prazo inicia-se com a distribuição do processo ao respectivo instrutor.

Anotação

1. Corresponde ao art. 639.º/3/4 do CT/2003 e art. 30.º/1 do DL 64/89.
2. Cfr. o ponto 4.6 e 4.7 sobre as diligencias de instrução.
3. *"O facto de ter sido ultrapassado o prazo de instrução não conduz à nulidade da decisão administrativa, na medida em que a lei não determina nem sanciona tal ocorrência com nulidade."* (Ac

TRel do Porto, de 28-2-2005 *in* Acórdãos da Relação do Porto – Secção Social, 238-I).

"Quanto à ultrapassagem do prazo de 60 dias, eventualmente prorrogáveis, para ultimação da fase processual de instrução, já também foi tratada a questão noutros processos ... (v.g. Ac. n.º 3073/03, da sessão 6.11.03 ...), concluindo-se ... que se lhe reconhece apenas natureza aceleratória, sem qualquer efeito cominatório associado." (Ac. TRel de Coimbra, Proc. 3875/03, de 15-4-2004).

Artigo 25.º
Decisão condenatória

1 – A decisão que aplica a coima e ou as sanções acessórias contém:

 a) A identificação dos sujeitos responsáveis pela infracção;
 b) A descrição dos factos imputados, com indicação das provas obtidas;
 c) A indicação das normas segundo as quais se pune e a fundamentação da decisão;
 d) A coima e as sanções acessórias.

2 – Da decisão consta também a informação de que:

 a) A condenação se torna definitiva e exequível se não for judicialmente impugnada nos termos dos artigos 32.º a 35.º;
 b) Em caso de impugnação judicial, o tribunal pode decidir mediante audiência ou, caso os sujeitos responsáveis pela infracção, o Ministério Público e o assistente, quando exista, não se oponham, mediante simples despacho.

3 – A decisão contém ainda a ordem de pagamento da coima no prazo máximo de 10 dias após o carácter definitivo ou o trânsito em julgado da decisão.

4 – Não tendo o arguido exercido o direito de defesa nos termos do n.º 2 do artigo 17.º e do n.º 1 do artigo 18.º, a descrição dos factos imputados, das provas, e das circunstâncias relevantes para a decisão é feita por simples remissão para o auto de notícia, para a participação ou para o auto de infracção.

5 – A fundamentação da decisão pode consistir em mera declaração de concordância com fundamentos de anteriores pareceres, informações ou propostas de decisão elaborados no âmbito do respectivo processo de contra-ordenação.

Anotação

1. Com idêntico conteúdo cfr. o art. 58.º do RGCO.
2. Cfr. o art. 564.º do CT sobre o cumprimento do dever omitido e, em especial, quando estejam em causa crédito salariais dos trabalhadores cuja ordem de pagamento deve expressamente constar da decisão que aplicar a coima, sob pena de inexistência jurídica.
3. Cfr. o art. 16.º do Estatuto da IGT quanto ao depósito de quantias em dívida ao trabalhador e à segurança social apuradas pelos inspectores do trabalho.
4. Quanto à fundamentação da decisão condenatória por remissão cfr. o art. 125.º do CPA. Cfr. o ponto 4.7.
5. *"Para que se verifique a culpabilidade de um agente no cometimento de um facto é necessário que o mesmo lhe possa ser imputado a título de dolo ou negligência, o que também releva no domínio das contra-ordenações. Tendo a autoridade administrativa, na sua decisão, omitido qualquer facto que estabelecesse o elemento subjectivo da infracção, é nula aquela decisão."* (Ac. TRel de Lisboa, Proc. n.º 1947/2004-3, de 28-4-2004).
6. *"... a aplicação da sanção de admoestação estabelecida pelo DL 244/95 de 14.9, constitui uma faculdade da entidade administrativa competente para a cominação da coima, faculdade que é exercida no processo de contra-ordenação, o qual tem início com o levantamento do auto de notícia ou equivalente. De acordo com o n.º 2 do art. 51.º do Regime Geral das Contra-ordenações e Coimas, a impossibilidade do facto voltar a ser apreciado como contra-ordenação só se verifica no caso de haver sido aplicada a sanção de admoestação. Assim, não tendo sido aplicada a sanção de admoestação, não enferma de nulidade a decisão da autoridade administrativa aplicadora da coima, bem como a decisão judicial que confirmou aquela."* (Ac. TRel de Coimbra, Proc. 1515/00, de 27-9-2000).

7. *"A omissão das indicações impostas pelo artigo 58.º n.º 1 do Regime Geral das Contra-Ordenações determina a nulidade relativa da respectiva decisão administrativa, por aplicação subsidiária dos artigos 374.º n.º 2 e 379.º n.º 1 alínea a) do Código de Processo Penal. Tal nulidade, sob pena de considerar-se sanada, tem de ser arguida expressamente, ao menos na minuta do recurso de impugnação judicial."* (Ac. TRel do Porto, Proc. n.º 0111558, de 27-2-2002).

8. *"As decisões finais, em matéria contra-ordenacional, proferidas por entidade administrativa por remissão para o relatório do instrutor, são válidas não ofendendo qualquer preceito constitucional ou legal, desde que esta obedeça ao disposto no art. 58.º do DL. 433/82, de 27.10."* (Ac. TRel de Lisboa, Proc. 1661/2006-5, de 23-05-2006).

ARTIGO 26.º
Natureza de título executivo

A decisão condenatória de aplicação de coima que não se mostre liquidada no prazo legal tem a natureza de título executivo.

Anotação

1. Cfr. o art. 564.º/3 do CT e o art. 89.º do RGCO.
2. *"Segue a forma sumária a execução instaurada com base em decisão administrativa em processo de contra-ordenação."* (Ac. TRel de Lisboa, Proc. 0078791, de 15-1-2002)

ARTIGO 27.º
Pagamento da coima em prestações

1 – Excepcionalmente, quando o arguido o requeira e desde que a sua situação económica o justifique, pode a autoridade administrativa competente, após decisão condenatória, autorizar o pagamento da coima em prestações, não podendo a última delas ir além de um ano subsequente ao carácter definitivo da decisão.

2 – A falta de pagamento de uma prestação implica o vencimento de todas as outras.

3 – Para efeitos de apreciação do pedido do pagamento da coima em prestações, o arguido tem de fazer prova da impossibilidade de pagamento imediato da coima.

4 – Nos casos em que seja autorizado o pagamento da coima em prestações, são pagos com a primeira prestação e pela seguinte ordem:

a) Créditos laborais em que o empregador tenha sido condenado;

b) Dívidas à segurança social e respectivas custas.

Anotação

1. Cfr. o art. 88.º do RGCO quanto ao pagamento diferido. Cfr. o ponto 4.7.

2. *"Não existe elemento de interpretação, sistemático, histórico, de política criminal ou outro que justifique a cumulação da possibilidade da pagamento da coima em prestações com o pagamento pelo mínimo da coima, quando o infractor, antes de haver decisão (administrativa ou judicial), pretender efectuar o pagamento volunt*ário da coima, tendo neste caso, tão somente o privilégio, ou benefício, de para a coima pelo mínimo." (Ac. TRel de Lisboa, Proc. 00102564, de 26-3-2002).

SUBSECÇÃO I
Processo especial

Artigo 28.º
Âmbito

1 – A infracção classificada como leve ou grave, com valor mínimo legal inferior ou igual ao valor de 10 UC, segue a forma de processo especial.

2 – O processo especial não é aplicável quando o infractor já tenha sido condenado por infracção anterior, sobre a qual ainda não decorreu um prazo superior ao da prescrição da respectiva coima, contado a partir da data da decisão condenatória.

Anotação

Quanto à definição das molduras das coimas, cfr. os art. 554.º e 555.º do CT e o art. 233.º do CRCSS. Quanto às regras da reincidência, cfr. o art. 561.º do CT e 237.º do CRCSS. Cfr. ainda, o ponto 4.4.

Artigo 29.º
Procedimento

1 – A autoridade administrativa competente, antes da acusação, notifica o infractor da descrição sumária dos factos imputados, com menção das disposições legais violadas e indicação do valor da coima calculada.

2 – Na mesma notificação o infractor é informado da possibilidade de pagamento da coima, no prazo de cinco dias, com a redução prevista nos termos do artigo seguinte, desde que proceda simultaneamente ao cumprimento da obrigação devida.

3 – A ausência de resposta do infractor, recusa de pagamento no prazo referido no n.º 2 ou o não cumprimento da obrigação devida, determina o imediato prosseguimento do processo de acordo com as regras previstas nos artigos 17.º a 27.º, com as seguintes adaptações:

a) O prazo previsto no n.º 1 dos artigos 17.º e 18.º é reduzido para 10 dias;
b) O prazo previsto no n.º 1 do artigo 19.º é reduzido para 10 dias;
c) O prazo previsto no n.º 1 do artigo 24.º é reduzido para 30 dias.

ARTIGO 30.º
Redução da coima

O valor da coima, calculado para os efeitos do n.º 2 do artigo anterior, corresponde a 75% do montante mínimo legal aplicável.

ARTIGO 31.º
Efeitos do cumprimento

O cumprimento da obrigação devida e o respectivo pagamento da coima nos termos do n.º 2 do artigo 28.º equivale a decisão condenatória definitiva, não podendo o facto voltar a ser apreciado como contra-ordenação, nem o infractor impugnar judicialmente aquela decisão.

Anotação

Cfr. anotações ao art. 19.º da presente lei.

SECÇÃO II
Fase judicial

ARTIGO 32.º
Impugnação judicial das decisões de aplicação das coimas

A decisão da autoridade administrativa de aplicação de coima é susceptível de impugnação judicial.

Anotação

Corresponde, quase *ipsis verbis*, ao art. 59.º/1 do RGCO. Cfr. o ponto 4.8.

ARTIGO 33.º

Forma e prazo

1 – A impugnação judicial é dirigida ao tribunal de trabalho competente e deve conter alegações, conclusões e indicação dos meios de prova a produzir.

2 – A impugnação judicial é apresentada na autoridade administrativa que tenha proferido a decisão de aplicação da coima, no prazo de 20 dias após a sua notificação.

Anotação

1. Cfr. art. 59.º/2/3 do RGCO.
2. Quanto à contagem dos prazos cfr. anotação ao art. 6.º da presente lei.

ARTIGO 34.º

Tribunal competente

É competente para conhecer da impugnação judicial o tribunal de trabalho em cuja área territorial se tiver verificado a contra-ordenação.

Anotação

1. Cfr. art. 61.º do RGCO.
2. Sobre a vigência parcial da NLOFT, designadamente quanto às *comarcas piloto* do Alentejo Litoral, Baixo-Vouga e Grande Lisboa Noroeste, cfr. o seu art. 187.º.

ARTIGO 35.º

Efeitos da impugnação judicial

1 – A impugnação judicial tem efeito meramente devolutivo.

2 – A impugnação judicial tem efeito suspensivo se o recorrente depositar o valor da coima e das custas do processo, no prazo referido

no n.º 2 do artigo 33.º, em instituição bancária aderente, a favor da autoridade administrativa competente que proferiu a decisão de aplicação da coima.

3 – O depósito referido no número anterior pode ser substituído por garantia bancária, na modalidade «à primeira solicitação».

Anotação

A presente norma não tem paralelo nos regimes legais substituídos.

Artigo 36.º
Envio dos autos ao Ministério Público

1 – Recebida a impugnação judicial e, sendo caso disso, efectuado o depósito referido no artigo anterior, a autoridade administrativa competente envia os autos ao Ministério Público no prazo de 10 dias, podendo, caso o entenda, apresentar alegações.

2 – Até ao envio dos autos, pode a autoridade administrativa competente revogar, total ou parcialmente, a decisão de aplicação da coima ou sanção acessória.

Anotação

Cfr. o art. 62.º do RGCO. Cfr. o ponto 4.8.

Artigo 37.º
Apresentação dos autos ao juiz

O Ministério Público torna sempre presentes os autos ao juiz, com indicação dos respectivos elementos de prova, valendo este acto como acusação.

Anotação

1. O disposto no presente artigo não determina que o MP não deva *"emitir parecer sobre a admissibilidade do recurso e sobre a forma de decisão do mesmo"*.

2. *"Note-se que nos processos de contra-ordenação a acusação é todo o processo, e não apenas o auto de notícia, e os factos passíveis de apreciação pelo tribunal são os que resultam de todo o processo, com já se decidiu no Ac da Rel de Coimbra de 3/3/01, Col. 2001, t.3, pag 48"*. (Ac TRel de Lisboa, Proc. 8760/2003-4, de 17-3-2004).

Artigo 38.º
Não aceitação da impugnação judicial

1 – O juiz rejeita, por meio de despacho, a impugnação judicial feita fora do prazo ou sem respeito pelas exigências de forma.

2 – Deste despacho há recurso, que sobe imediatamente.

Anotação

1. Corresponde, quase *ipsis verbis*, ao art. 63.º do RGCO.

2. *"Não é admissível recurso de despacho que em processo contra-ordenacional não conheceu da impugnação judicial, declarou irregular a decisão administrativa e ordenou a devolução dos autos à autoridade administrativa"* (Ac TRel de Lisboa, Proc. 0041953, de 27-9-2000).

Artigo 39.º
Decisão judicial

1 – O juiz decide do caso mediante audiência de julgamento ou através de simples despacho.

2 – O juiz decide por despacho quando não considere necessária a audiência de julgamento e o arguido ou o Ministério Público não se oponham.

3 – O despacho pode ordenar o arquivamento do processo, absolver o arguido ou manter ou alterar a condenação.

4 – O juiz fundamenta a sua decisão, tanto no que respeita aos factos como no que respeita ao direito aplicado e às circunstâncias que determinaram a medida da sanção, podendo basear-se em mera declaração de concordância com a decisão condenatória da autoridade administrativa.

5 – Em caso de absolvição, o juiz indica porque não considera provados os factos ou porque não constituem uma contra-ordenação.

Anotação

1. Cfr. o art. 64.º do RGCO. Cfr. o ponto 4.8.

2. O presente artigo não constitui o tribunal na faculdade de devolver o processo à autoridade administrativa (cfr. o ponto 4.8).

3. A *reformatio in pejus* está vedada no processo contra-ordenacional (art. 72.º-A do RGCO).

Artigo 40.º
Marcação da audiência

Ao aceitar a impugnação judicial o juiz marca a audiência, salvo no caso referido no n.º 2 do artigo anterior.

Artigo 41.º
Retirada da acusação

A todo o tempo, e até à sentença em primeira instância ou até ser proferido o despacho previsto no n.º 2 do artigo 39.º, pode o Ministério Público, com o acordo do arguido e da autoridade administrativa, retirar a acusação.

Anotação

Cfr. o art. 65.º-A/2 do RGCO, segundo o qual *"deve o Ministério Público ouvir as autoridades administrativas competentes, salvo se entender que tal não é indispensável para uma adequada decisão."*

Artigo 42.º
Participação do arguido na audiência

1 – O arguido não é obrigado a comparecer à audiência, salvo se o juiz considerar a sua presença como necessária ao esclarecimento dos factos.

2 – O arguido pode sempre fazer-se representar por defensor legal.

3 – Nos casos em que o juiz não ordenou a presença do arguido a audiência prossegue sem a presença deste.

Anotação

"O art. 67.º n.º 1 do Regime Geral das Contra-ordenações – Lei das Coimas – D.L. n.º 433/82 de 27/10, com a redacção do DL 356/89 de 17/10 e 244/95 de 14/9 dispõe que para que a presença do arguido se imponha na audiência terá o juiz de o determinar, fundamentando a exigência de tal presença como imposta por necessária à descoberta da verdade. Não determinando, por esta forma, a necessidade da presença não tem o arguido de comparecer nem se de fazer representar por advogado". (Ac. TRel de Coimbra, Proc. 3043/2000, de 13-12-2000).

Artigo 43.º
Ausência do arguido

Nos casos em que o arguido não comparece nem se faz representar por advogado, tomam-se em conta as declarações que tenham sido colhidas no âmbito do processo de contra-ordenação que correu termos na autoridade administrativa competente ou regista-se que ele nunca se pronunciou sobre a matéria dos autos, apesar de lhe ter sido concedida a oportunidade para o fazer, e procede-se a julgamento.

Artigo 44.º
Participação do Ministério Público

O Ministério Público está presente na audiência de julgamento.

Artigo 45.º
Participação da autoridade administrativa competente

1 – O tribunal comunica à autoridade administrativa competente a data da audiência para, querendo, esta poder participar na audiência.

2 – O Ministério Público, após notificação da decisão de arquivamento do processo, absolvição ou alteração da condenação, solicita a pronúncia por escrito da autoridade administrativa competente, no prazo de cinco dias, a fim de ser equacionado um eventual recurso no processo.

3 – O tribunal comunica à autoridade administrativa competente, de imediato e antes do trânsito em julgado, a sentença, bem como as demais decisões finais.

Artigo 46.º
Retirada da impugnação judicial

1 – A impugnação judicial pode ser retirada pelo arguido até à sentença em primeira instância ou até ser proferido o despacho previsto no n.º 2 do artigo 39.º.

2 – Depois do início da audiência de julgamento, a impugnação judicial só pode ser retirada mediante o acordo do Ministério Público.

Artigo 47.º
Prova

1 – Compete ao Ministério Público promover a prova de todos os factos que considere relevantes para a decisão.

2 – Compete ao juiz determinar o âmbito da prova a produzir.

3 – O Ministério Público e o arguido podem arrolar até ao máximo de duas testemunhas por cada infracção.

4 – Quando se trate de três ou mais contra-ordenações a que seja aplicável uma coima única, o Ministério Público e o arguido podem arrolar até ao máximo de cinco testemunhas por todas as infracções.

Artigo 48.º
Admoestação judicial

Excepcionalmente, se a infracção consistir em contra-ordenação classificada como leve e a reduzida culpa do arguido o justifique, pode o juiz proferir uma admoestação.

Anotação

Cfr. o art. 51.º do RGCO e o art. 60.º do CP.

Artigo 49.º
Decisões judiciais que admitem recurso

1 – Admite-se recurso para o Tribunal da Relação da sentença ou do despacho judicial proferidos nos termos do artigo 39.º, quando:
   a) For aplicada ao arguido uma coima superior a 25 UC ou valor equivalente;
   b) A condenação do arguido abranger sanções acessórias;
   c) O arguido for absolvido ou o processo for arquivado em casos em que a autoridade administrativa competente tenha aplicado uma coima superior a 25 UC ou valor equivalente, ou em que tal coima tenha sido reclamada pelo Ministério Público;
   d) A impugnação judicial for rejeitada;
   e) O tribunal decidir através de despacho não obstante o recorrente se ter oposto nos termos do disposto no n.º 2 do artigo 39.º.

2 – Para além dos casos enunciados no número anterior, pode o Tribunal da Relação, a requerimento do arguido ou do Ministério Público, aceitar o recurso da decisão quando tal se afigure manifestamente necessário à melhoria da aplicação do direito ou à promoção da uniformidade da jurisprudência.

3 – Se a sentença ou o despacho recorrido são relativos a várias infracções ou a vários arguidos e se apenas quanto a alguma das infracções ou a algum dos arguidos se verificam os pressupostos necessários, o recurso sobe com esses limites.

Anotação

1. Car art. 73.º do RGCO.

2. *"Não cabe na competência das autoridades administrativas impondo uma coima o direito de interposição autónoma de recurso de decisão proferida pelo tribunal. As autoridades administrativas, coadjuvando com os tribunais no processo contra-ordenacional, detêm uma posição que não se confronte com a de sujeitos processuais"* (Ac. TRel de Lisboa, Proc. 00130725, de 4-1-2002).

Artigo 50.º
Regime do recurso

1 – O recurso é interposto no prazo de 20 dias a partir da sentença ou do despacho, ou da sua notificação ao arguido, caso a decisão tenha sido proferida sem a presença deste.

2 – Nos casos previstos no n.º 2 do artigo anterior, o requerimento segue junto ao recurso, antecedendo-o.

3 – Nestes casos, a decisão sobre o requerimento constitui questão prévia, que é resolvida por despacho fundamentado do tribunal, equivalendo o seu indeferimento à retirada do recurso.

4 – O recurso segue a tramitação do recurso em processo penal, tendo em conta as especialidades que resultem desta lei.

Anotação

1. Cfr. art. 74.º do RGCO. O prazo de interposição de recurso era de 10 dias nos diplomas substituídos.

2. "*Em processo de contra-ordenação é de 10 dias quer o prazo de interpelação de recurso para a Relação, quer o da apresentação da respectiva resposta*" (Ac n.º 1/2009 do STJ, *in* DR, 1.ªS, de 16-01-2009).

3. "*O Tribunal declara, com força obrigatória geral, a inconstitucionalidade, por violação do n.º 10 do artigo 32.º, em conjugação com o n.º 2 do artigo 18.º, um e outro da Constituição, da norma que resulta das disposições conjugadas constantes do n.º 3 do art. 59.º e do n.º 1 do art. 63.º, ambos do Decreto-Lei n.º 433/82, de 27 de Outubro, na dimensão interpretativa segundo a qual a falta de formulação de conclusões na motivação de recurso, por via do qual se intenta impugnar a decisão da autoridade administrativa que aplicou uma coima, implica a rejeição do recurso, sem que o recorrente seja previamente convidado a efectuar tal formulação*". (Ac. n.º 265/01 do TC, de 19-6-2001, Proc. n.º 213/2001, *in* www.tribunalconstitucional.pt).

ARTIGO 51.º
Âmbito e efeitos do recurso

1 – Se o contrário não resultar da presente lei, a segunda instância apenas conhece da matéria de direito, não cabendo recurso das suas decisões.

2 – A decisão do recurso pode:

a) Alterar a decisão do tribunal recorrido sem qualquer vinculação aos termos e ao sentido da decisão recorrida;

b) Anulá-la e devolver o processo ao tribunal recorrido.

Anotação

1. Cfr. art. 75.º do RGCO que também permite "*alterar a decisão do tribunal recorrido sem qualquer vinculação aos termos e ao*

sentido da decisão recorrida" mas sem prejuízo da proibição da *reformatio in pejus* (art. 72.º-A do RGCO).
2. Quanto aos fundamentos e a motivação do recurso, cfr. art. 410.º e 412.º do CPT.
3. "*As únicas possibilidades de recurso relativas à matéria de facto que dele resultam ocorrem nos casos do processamento das contra-ordenações juntamente com o crime, em que é aplicável o regime que a estes couber.*" (Ac. TRel de Lisboa de 4-2-2004, Colectânea de Jurisprudência, 2004 – I, 126).

CAPÍTULO V
Prescrição

ARTIGO 52.º
Prescrição do procedimento

Sem prejuízo das causas de suspensão e interrupção da prescrição previstas no regime geral das contra-ordenações, o procedimento extingue-se por efeito da prescrição logo que sobre a prática da contra-ordenação hajam decorrido cinco anos.

Anotação

1. O legislador optou por acolher exclusivamente o prazo máximo previsto no regime geral (art. 27.º do RGCO) qualquer que seja a gravidade da infracção ou o valor da coima. Cfr. o ponto 4.10.
2. Para efeitos de verificação da reincidência nas contra-ordenações laborais, cfr. o art. 561.º do CT e da aplicação de sanção acessória, cfr. o art. 562.ª do CT. No que respeita às contra-ordenações de segurança social, cfr. o art. 245.º do CRCSS.
3. "*A escolha do regime da prescrição aplicável a cada situação há-de fazer-se entre o regime que vigorava aquando da consumação da infracção e o que se lhe suceda (o da lei posteriormente modificada), sendo aplicável o que for considerado globalmente*

mais favorável. A circunstância de se ter modificado posteriormente a lei relativa ao regime sancionatório não contende com o quadro normativo vigente ao abrigo do qual se determinou o regime prescricional, cuja lei não sofreu alteração, isto é, não pode aproveitar-se duplamente o princípio da sucessão e aplicação da lei no tempo para tal efeito. À consideração do regime prescricional mais favorável (que não foi objecto de qualquer alteração e cujos pressupostos se estabilizaram antes) irreleva de todo a circunstância da posterior alteração da moldura sancionatória ou de punição" (Ac TRel de Coimbra, Proc. 3875/03, de 15-4-2004).

ARTIGO 53.º
Suspensão da prescrição

1 – A prescrição do procedimento por contra-ordenação suspende-se, para além dos casos especialmente previstos na lei, durante o tempo em que o procedimento:

a) Não possa legalmente iniciar-se ou continuar por falta de autorização legal;

b) Não possa prosseguir por inviabilidade de notificar o arguido por carta registada com aviso de recepção;

c) Esteja pendente a partir do envio do processo ao Ministério Público até à sua devolução à autoridade administrativa competente, nos termos previstos no regime geral das contra-ordenações.

d) Esteja pendente a partir da notificação do despacho que procede ao exame preliminar do recurso da decisão da autoridade administrativa competente, até à decisão final do recurso.

2 – Nos casos previstos nas alíneas *b)*, *c)* e *d)* do número anterior, a suspensão não pode ultrapassar seis meses.

Anotação

1. Cfr. o art. 27.º-A do RGCO e o art. 245.º do CRCSS. Cfr. o ponto 4.10.

2. *"O regime de suspensão da prescrição do procedimento criminal é extensivo, com as devidas adaptações, ao regime de suspensão prescricional das contra-ordenações previstas no art. 27.º-A"* do RGCO (Ac. n.º 2/2002 do STJ, *in* DR, 1.ªS-A, de 5-3-2002).

Artigo 54.º
Interrupção da prescrição

1 – A prescrição do procedimento por contra-ordenação interrompe-se:
   a) Com a comunicação ao arguido dos despachos, decisões ou medidas contra ele tomados ou com qualquer notificação;
   b) Com a realização de quaisquer diligências de prova, designadamente exames e buscas, ou com o pedido de auxílio às autoridades policiais ou a qualquer autoridade administrativa;
   c) Com a notificação ao arguido para exercício do direito de audição ou com as declarações por ele prestadas no exercício desse direito;
   d) Com a decisão da autoridade administrativa competente que procede à aplicação da coima.

2 – Nos casos de concurso de infracções, a interrupção da prescrição do procedimento criminal determina a interrupção da prescrição do procedimento por contra-ordenação.

3 – A prescrição do procedimento tem sempre lugar quando, desde o seu início e ressalvado o tempo de suspensão, tenha decorrido o prazo da prescrição acrescido de metade.

Anotação

1. Cfr. o art. 28.º do RGCO. Cfr. o ponto 4.10.

2. Descontado o eventual tempo de suspensão da prescrição, o procedimento contra-ordenacional laboral e de segurança social prescreve, no máximo, ao fim de 7,5 anos independentemente da gravidade da infracção.

3. *"A impugnação da decisão administrativa aplicando uma coima ou sanção acessória não figura entre as causas de interrupção da prescrição previstas no art. 28.º do DL n.º 433/82, de 27/10, com a alteração introduzida pelo DL n.º 244/95, de 14/9"* (Ac. TRel de Lisboa, Proc 0046843, de 24-09-97).

Artigo 55.º
Prescrição da coima

Sem prejuízo das causas de suspensão e interrupção da prescrição previstas no regime geral das contra-ordenações, as coimas prescrevem no prazo de cinco anos, a partir do carácter definitivo ou do trânsito em julgado da decisão condenatória.

Anotação

1. Cfr. o art. 246.º do CRCSS. Cfr. o ponto 4.12.

2. *"O trânsito em julgado das decisões, de carácter penal e/ou contra-ordenacional, marca a linha distintiva entre a prescrição do procedimento e a prescrição da pena; É, assim, de indeferir o pedido do arguido no sentido de obter a declaração de extinção, por prescrição, do procedimento contra-ordenacional, uma vez que no momento da apresentação de tal pedido (feito após a prolacção da decisão que conheceu do seu requerimento de reforma, quanto a custas, do acórdão que antes havia conhecido do mérito do recurso), já se iniciara o decurso do prazo de prescrição, não do procedimento contra-ordenacional, mas sim da respectiva coima"* (Ac. TRel de Lisboa, Proc 0041533, de 24-10-2001).

Artigo 56.º
Suspensão da prescrição da coima

A prescrição da coima suspende-se durante o tempo em que:

a) Por força da lei, a execução não pode começar ou não pode continuar a ter lugar;

b) A execução está interrompida;
c) Esteja em curso plano de pagamento em prestações.

Anotação

1. Cfr. o art. 246.º do CRCSS. Cfr. o ponto 4.12.
2. Quanto à suspensão da prescrição da coima no caso de pagamento diferido até um ano, cfr. o art. 30.º-c e 88.º/4 do RGCO.
3. *"O pagamento voluntário da coima não tem a virtualidade de preencher as causas de interrupção ou suspensão do procedimento contra-ordenacional."* (Ac. TRel de Lisboa, Proc 0073653, de 3-11-98).

ARTIGO 57.º
Interrupção da prescrição da coima

1 – A prescrição da coima interrompe-se com a sua execução.
2 – A prescrição da coima ocorre quando, desde o seu início e ressalvado o tempo de suspensão, tenha decorrido o prazo normal da prescrição acrescido de metade.

Anotação

Corresponde, quase *ipsis verbis,* ao art. 30.º-A do RGCO. Cfr. o art. 246.º do CRCSS. Cfr. o ponto 4.12.

ARTIGO 58.º
Prescrição das sanções acessórias

Aplica-se às sanções acessórias o regime previsto nos artigos anteriores para a prescrição da coima.

Anotação

1. Cfr. os art. 52.º a 55.º da presente lei.

2. Cfr. as definições substantivas do art. 562.º do CT, quanto às contra-ordenações laborais e do art. 238.º e 243.º do CRCSS, quanto às contra-ordenações de segurança social.

3. "*O prazo de prescrição do procedimento por contra-ordenação, no que respeita à pena acessória, é o da pena principal, nos termos do art. 27.º al. b), do DL n.º 433/82, de 27/10.*" (Ac. TRel de Lisboa, Proc 0046843, de 24-09-97).

CAPÍTULO V [VI]
Custas

Artigo 59.º
Custas processuais

Sempre que o contrário não resulte da presente lei, são aplicáveis, com as devidas adaptações, as disposições do regulamento das custas processuais.

Anotação

1. Cfr. o Capítulo IX do RGCO. Cfr. o ponto 4.11.

2. O Regulamento das Custas Processuais foi aprovado pelo DL 34/2008, de 26-2 com diversas alterações, a última das quais consta da L 64-A/2008, de 31-12.

3. O processo de contra-ordenação que corra perante as autoridades administrativas não dá lugar ao pagamento de taxa de justiça (art. 93.º/1 do RGCO).

4. As custas deverão, entre outras, cobrir as despesas efectuadas com (art. 94.º/2 do RGCO e art. 16.º e 17.º do RCP):
– O transporte dos defensores e peritos;
– A remuneração de peritos, tradutores, intérpretes e consultores técnicos;
– As comunicações telefónicas, telegráficas ou postais, nomeadamente as que se relacionam com as notificações;

– O transporte de bens apreendidos;
– A compensação das testemunhas.

5. As custas são suportadas pelo arguido em caso de aplicação de uma coima ou de uma sanção acessória e, pelo erário público nos demais casos (art. 94.º/3/4 do RGCO).

6. A decisão da autoridade administrativa relativa às custas pode ser impugnada judicialmente pelo arguido, no prazo de 10 dias (art. 95.º/1 do RGCO).

7. Salienta-se, ainda, que "da decisão do tribunal da comarca só há recurso para a relação quando o montante exceda a alçada daquele tribunal" (art. 95.º/2 do RGCO).

8. *"É devida taxa de justiça pela impugnação das decisões de autoridades administrativas no âmbito de processos contra-ordenacionais, quando a coima não tenha sido previamente liquidada, sendo a taxa auto liquidada nos 10 dias subsequentes ao recebimento da impugnação pelo tribunal, no montante de 1 UC, podendo ser corrigida, a final, pelo juiz, nos termos da tabela iii, que faz parte integrante do presente Regulamento, tendo em consideração a gravidade do ilícito."* (art. 8.º/4 do RCP).

CAPÍTULO VI [VII]
Disposições Finais

Artigo 60.º
Direito subsidiário

Sempre que o contrário não resulte da presente lei, são aplicáveis, com as devidas adaptações, os preceitos reguladores do processo de contra-ordenação previstos no regime geral das contra-ordenações.

Anotação

1. As contra-ordenações laborais são reguladas, subsidiariamente, pelo RGCO (art. 549.º do CT).

2. O regime anteriormente vigente respeitante às contra-ordenações de segurança social (art. 1.º/2 do DL 64/89) previa a aplicação subsidiária do RGCO. A lei actual (art. 3.º-d do CRCSS) "*Quanto à matéria substantiva contra-ordenacional*", manda aplicar o RGIT. Por sua vez, o RGIT (art. 3.º-b) também remete para o RGCO.

3. No que diz respeito "*à fixação do regime substantivo das contra-ordenações*", o art. 32.º do RGCO prevê a aplicação subsidiária das normas do CP, e, o art. 41.º do RGCO remete para os "*preceitos reguladores do processo criminal*", devidamente adaptados.

4. Para a integração de lacunas, quando não puderem ser aplicadas as suas disposições por analogia, o CPP remete, por sua vez, para as "*normas do processo civil que se harmonizem com o processo penal e, na falta delas, aplicam-se os princípios gerais do processo penal*" (cf. art. 4.º do CPP).

Artigo 61.º
Cumprimento da obrigação devida

O pagamento da coima não dispensa o infractor do cumprimento da obrigação, se este ainda for possível.

Anotação

1. Corresponde ao art. 618.º do CT/2003.

2. "*Sempre que a contra-ordenação laboral consista na omissão de um dever, o pagamento da coima não dispensa o infractor do seu cumprimento se este ainda for possível.*" (art. 564.º/1 do CT). Idêntica norma vigora para as contra-ordenações de segurança social (art. 21.º do CRCSS).

Artigo 62.º
Comunicações entre autoridades administrativas competentes

1 – Para efeitos do disposto no n.º 2 do artigo 2.º, as autoridades administrativas competentes comunicam entre si, trimestralmente, os procedimentos de contra-ordenação em curso e as coimas aplicadas.

2 – As autoridades administrativas competentes devem comunicar entre si, no prazo de 10 dias, a verificação de infracção a que corresponda uma contra-ordenação laboral ou de segurança social que não seja da sua competência.

Anotação

1. Cr art. 2.º/2 e 3.º/2 da presente lei, sobre a *"prestação de actividade, por forma aparentemente autónoma, em condições características de contrato de trabalho"* e respectivas anotações.

2. Esta comunicação destinar-se-á a evitar a duplicação de processos e garantir o princípio constitucional *ne bis in idem* (art. 29.º da CRP).

Artigo 63.º

Regiões Autónomas

Na aplicação da presente lei às Regiões Autónomas são tidas em conta as competências legais atribuídas aos respectivos órgãos e serviços regionais.

Artigo 64.º

Norma revogatória

São revogados os artigos 14.º a 32.º do Decreto-Lei n.º 64/89, de 25 de Fevereiro.

Anotação

1. Os artigos agora revogados estabeleciam as regras de processo das contra-ordenações no âmbito dos regimes de segurança social.

2. Os artigos não revogados neste diploma vieram a sê-lo posteriormente (art. 5.º/1-g da L 110/2009, que aprovou o CRCSS). Entretanto, essa revogação não abrangeu expressamente os art. 9.º, 11.º e 13.º; 33.º e 34.º do DL 64/89.

3. Ficam também revogados os art. 630.º a 640.º do CT/2003, sobre procedimento de contra-ordenações laborais, *ex vi* o art. 12.º/3- e da L 7/2009, de 12-2 que aprovou o CT.

4. *"(1) A lei processual penal é de aplicação imediata, sem prejuízo da validade dos actos realizados na vigência da lei anterior. (2) - A lei processual penal não se aplica aos processos iniciados anteriormente à sua vigência quando da sua aplicabilidade imediata possa resultar: a) Agravamento sensível e ainda evitável da situação processual do arguido, nomeadamente uma limitação do seu direito de defesa; ou b) Quebra da harmonia e unidade dos vários actos do processo."*(art. 5.º do CPP).

Artigo 65.º
Entrada em vigor

1 – A presente lei entra em vigor no 1.º dia do mês seguinte ao da sua publicação.

2 – As disposições da presente lei referentes aos meios áudio--visuais e informáticos só entram em vigor na data da sua implementação pelos competentes serviços do ministério responsável pela área laboral.

Aprovada em 23 de Julho de 2009.

O Presidente da Assembleia da República, *Jaime Gama.*

Promulgada em 31 de Agosto de 2009.

Publique-se.

O Presidente da República, Aníbal Cavaco Silva.

Referendada em 31 de Agosto de 2009.

O Primeiro-Ministro, *José Sócrates Carvalho Pinto de Sousa.*

REFERÊNCIAS BIBLIOGRÁFICAS

Correia, Eduardo (1971). *Direito criminal I*, Coimbra; Almedina

Correia, Eduardo (1973). Direito Penal e Direito de Mera Ordenação Social, *Boletim da Faculdade de Direito da Universidade de Coimbra*, Vol XLIX, pp 257-281

Correia, João (2000). Direito Penal Laboral, *Questões Laborais* n.º 15, pp 31-42

Costa, José de Faria (2001). Crimes e Contra-Ordenações, *Questões Laborais* n.º 17, pp. 1-11

Costa, Fernandes e Santos, Rodrigues (1986). *Manual das Contra-ordenações Laborais*, Lisboa: Rei dos Livros

Dantas, A. Leonês (2001). O Ministério Público no Processo das Contra-Ordenações, *Questões Laborais* n.º 17, pp. 26-40

Dias, Jorge de Figueiredo (2007). *Direito Penal, Parte Geral*, (2.ª Ed.), Coimbra; Coimbra Editora

Martins, Alcides (2009). *Direito Processual do Trabalho. Uma síntese e algumas questões*, Lisboa: Texto de apoio ao seminário do mestrado em direito das empresas, ISCTE, Secção Autónoma de Direito

Martinez, Pedro Romano (2006). *Direito do Trabalho* (3.ª Ed.), Coimbra: Almedina

Miranda, Jorge e Medeiros, Rui (2005). *Constituição Portuguesa Anotada, Tomo I*, Coimbra: Coimbra Editora

Monteiro, Luís Miguel et al (2007). *Código do Trabalho – Três Anos de Jurisprudência Comentada*, Lisboa: Livraria Petrony

Oliveira, Luís Claudino (2004). As Contra-Ordenções no Código do Trabalho. In *A Reforma do Código do Trabalho* (pp. 663 ss.), Coimbra: Coimbra Editora

Oliveira, Mário Esteves et al (2003). *Código do Procedimento Administrativo Comentado*, (2.ª Ed.), Coimbra: Almedina

Passos, Sérgio (2006). *Contra-Ordenações, Anotações ao Regime Geral* (2.ª Ed.), Coimbra: Almedina

Ribeiro, João Soares (1998). Da Legalidade e da Oportunidade da Actuação da Inspecção do Trabalho, *Questões Laborais* n.º 11, pp. 73-86

Ribeiro, João Soares (2003). *Contra-Ordenções Laborais* (2.ª Ed.), Coimbra: Almedina

Ribeiro, João Soares (2004). Reflexão sobre o ilícito não civil e respectivas sanções no Código do Trabalho. In *A Reforma do Código do Trabalho* (pp. 679 ss.), Coimbra: Coimbra Editora

Roxo, Manuel M. (2007). Inspecção das Condições de Trabalho. In Veiga, R e Cabral, F (Coord) *Higiene, Segurança, Saúde e Prevenção de Acidentes de Trabalho*, (Cap. 15), Lisboa: Verlag Dashöfer

Silva, Germano Marques da (2008). *Curso de Processo Penal I* (5.ª Ed.), Lisboa: Verbo

BIBLIOGRAFIA

Antunes, Manuel Ferreira (2005). *Contra-ordenações e Coimas, Anotado e Comentado*, Lisboa: Livraria Petrony

Cabral, A. Fernando e Roxo, Manuel M (2008). *Segurança e Saúde do Trabalho, Legislação Anotada* (5.ª Ed.), Coimbra: Almedina

Cardoso, Álvaro Lopes (2000). *Manual de Processo de Trabalho*, Lisboa: Livraria Petrony

Comissão do Livro Branco das Relações Laborais (2007). *Livro branco das Relações Laborais*, Lisboa: Ministério do Trabalho e da Segurança Social

Conceição, Apelles J. B. (2008). *Segurança Social, Manual Prático*, Coimbra: Almedina

Correia, Eduardo (1971). *Direito criminal I*, Coimbra: Almedina

Correia, Eduardo (1973). Direito Penal e Direito de Mera Ordenação Social, *Boletim da Faculdade de Direito da Universidade de Coimbra*, Vol XLIX, pp 257-281

Correia, João (2000). Direito Penal Laboral, *Questões Laborais* n.º 15, pp. 31-42

Costa, José de Faria (2001). Crimes e Contra-Ordenações, *Questões Laborais* n.º 17, pp. 1-11

Costa, Fernandes e Santos, Rodrigues (1986). *Manual das Contra-ordenações Laborais*, Lisboa: Rei dos Livros

Dantas, A. Leonês (2001). O Ministério Público no Processo das Contra-Ordenações, *Questões Laborais*, n.º 17, 26-40

Dias, Jorge de Figueiredo (2007). *Direito Penal, Parte Geral,* (2.ª Ed.), Coimbra: Coimbra Editora

Ferreira, Manuel Cavaleiro de (1988). Lições de Direito Penal, Parte Geral (3.ª Ed.), Lisboa: Editorial Verbo

Leite, Jorge (1998). Direito Penal do Trabalho: Uma Sentença Histórica, *Questões Laborais* n.º 11, pp. 99-113

Martins, Alcides (2009). *Direito Processual do Trabalho. Uma síntese e algumas questões*, Lisboa: Texto de apoio ao seminário do mestrado em direito das empresas, ISCTE, Secção Autónoma de Direito

Martinez, Pedro Romano (2006). *Direito do Trabalho* (3.ª Ed.), Coimbra: Almedina

Miranda, Jorge e Medeiros, Rui (2005). *Constituição Portuguesa Anotada, Tomo I*, Coimbra: Coimbra Editora

Monteiro, Luís Miguel et al (2007). *Código do Trabalho – Três Anos de Jurisprudência Comentada*, Lisboa: Livraria Petrony

Oliveira, Luís Claudino (2004). As Contra-Ordenações no Código do Trabalho. In *A Reforma do Código do Trabalho* (pp. 663 ss.), Coimbra: Coimbra Editora

Oliveira, Mário Esteves *et al* (2003). *Código do Procedimento Administrativo Comentado*, (2.ª Ed.), Coimbra: Almedina

Passos, Ribeiro (2006). *Contra-Ordenações, Anotações ao Regime Geral* (2.ª Ed.), Coimbra: Almedina

Rego, Lopes do (2001). Alguns Problemas Constitucionais do Direito das Contra-Ordenações, *Questões Laborais* n.º 17, pp. 12-25

Ribeiro, João Soares (1998). Da Legalidade e da Oportunidade da Actuação da Inspecção do Trabalho, *Questões Laborais* n.º 11, pp. 73-86

Ribeiro, João Soares (2000). Análise do Novo Regime das Contra-Ordenações laborais, *Questões Laborais* n.º 15, pp. 1-30

Ribeiro, João Soares (2003). *Contra-Ordenações Laborais* (2.ª Ed.), Coimbra: Almedina

Ribeiro, João Soares (2004 a). Contra-Ordenações no Código do Trabalho, *Questões Laborais* n.º 23, pp. 1-33

Ribeiro, João Soares (2004 b). Reflexão sobre o ilícito não civil e respectivas sanções no Código do Trabalho. In *A Reforma do Código do Trabalho* (pp. 679 ss.), Coimbra: Coimbra Editora

Richthofen, Wolfgang von (2006). *Inspecção do Trabalho: Um Guia da Profissão*, Coimbra: Coimbra Editora

Roxo, Manuel Maduro (2007). Inspecção das Condições de Trabalho. *In* Veiga, R e Cabral F (Coord) *Higiene, Segurança, Saúde e Prevenção de Acidentes de Trabalho*, (Cap. 15), Lisboa: Verlag Dashöfer

Santos, Manuel Simas e Sousa, Jorge Lopes (2003). *Contra-Ordenações, Anotações ao Regime Geral*, Lisboa: Vislis Editores

Silva, Luís Gonçalves da (2008). *Estudos de Direito do Trabalho (Código do Trabalho)*, Vol I (2.ª Ed.), Coimbra: Almedina

Silva, Germano Marques da (2008). *Curso de Processo Penal I* (5.ª Ed.), Lisboa: Verbo

JURISPRUDÊNCIA[86]

Tribunal Constitucional

- Acórdão n.º 490/2009/TC in www.tribunalconstitucional.pt – violação do princípio da segurança jurídica da Declaração de Rectificação (da Lei 7/2009) n.º 21/2009, in DR, 1.ªS, n.º 54, de 28-3-2009.
- Acórdão n.º 135/2009/TC (DR, 1.ªS, de 4-5-2009) – Pagamento voluntário e sanção acessória.
- Acórdão n.º 339/2008/TC (DR, 2.ªS, de 21-7-2008) – Fundamentação da decisão por remissão.
- Acórdão n.º 442/2003/TC (DR, 2.ªS, de 17-11-2003, p. 17.187) – Notificação de pessoa colectiva nos termos do art. 50.º do RGCO.
- Acórdão n.º 62/2003/TC (DR, 2.ªS, de 23-5-2003, p. 7.870) – Recurso interposto pelo Banco de Investimento Imobiliário, SA, de decisão do IDICT/Coimbra sobre trabalho suplementar – a remissão para a proposta e *"reserva de lei"* da AR.
- Acórdão n.º 283/2003/TC de 29-5, *in* www.tribunalconstitrucional.pt – Estatuto da IGT.
- Acórdão n.º 50/2003/TC (DR, 2.ªS, de 16/04/2003, p. 5.930) – Recurso interposto pelo Banco Comercial Português, SA, de decisão do IDICT/Tomar sobre trabalho suplementar – a remissão para a proposta de decisão.
- Acórdão n.º 473/2001/TC (DR, 2.ªS, de 28-11-2001) – Não considera inconstitucional a interpretação de que, terminando em férias judiciais o prazo para a interpretação do recurso, o mesmo não se transfere para o 1.º dia útil após o termo destas.
- Acórdão do TC n.º 467/2001 (DR, 2.ªS, de 28-11-2001, p. 19.782) – Responsabilidade dos gerentes ou administradores por dívidas fiscais.
- Acórdão n.º 520/2000/TC, (DR, 2.ªS, de 31-1-2001) – Aplicabilidade da pena acessória de publicidade.

---

[86] Quando não seja expressamente indicada a fonte de consulta significa que a jurisprudência referida consta do sítio *Internet* www.dgsi.pt

- Acórdão n.º 160/99/TC, (DR, 2.ªS-A, de 16-2-2000) – Procedimento administrativo e liberdade sindical.
- Acórdão n.º 576/99/TC, (DR, 2.ªS, de 21/02/2000) – Sobre a responsabilidade (objectiva) pessoal e solidária dos gerentes das empresas por contribuições, impostos e multas.
- Acórdão n.º 118/97/TC, (DR, 1.ªS-A, de 24-4-97) – Legitimidade das associações sindicais no procedimento administrativo.
- Acórdão n.º 328/94/TC (DR, 2.ªS, de 9-11-94) – Responsabilidade (objectiva) dos gerentes ou administradores por contribuições do regime geral da segurança social.

Procuradoria-Geral da República

- Parecer da PGR n.º 84/2007 – Segredo de justiça e o ilícito de mera ordenação social.
- Parecer da PGR n.º 19/2001, (DR, 2.ªS, de 8-2-2002) – Infracção rodoviária; processo contra-ordenacional; presunção de notificação; processo penal; lei subsidiária.
- Parecer da PGR n.º 10/94 (DR, 2.ªS, de 28-4-95) – Responsabilidade contra-ordenacional das pessoas colectivas.
- Parecer da PGR n.º 102/89, (DR 2.ªS, de 7-3-91) – Responsabilidade contra-ordenacional das pessoas colectivas de Direito Público.

Supremo Tribunal de Justiça

- Acórdão n.º 1/2009 do STJ (DR, 1.ªS, de 16-1-2009) – Em processo de contra-ordenação é de 10 dias quer o prazo de interpelação de recurso para a Relação, quer o da apresentação da respectiva resposta.
- Acórdão do STJ, n.º 5/2004 (DR, 1.ªS-A, de 21-6-2004) – Extinção do procedimento por contra-ordenação.
- Assento n.º 1/2003 do STJ (DR, 1.ªS-A, de 25-1-2003) – O princípio da audiência e defesa no processo de contra-ordenação – a indicação, no auto de notícia, dos elementos subjectivos da infracção.
- Acórdão do STJ, Proc 02P4504, de 8-1-2003 – É necessária a explicitação, pela autoridade administrativa, dos factos atinentes à culpa.
- Acórdão do STJ, n.º 2/2002 (DR, 1.ªS-A, de 5-3-2002) – Extensão do regime de prescrição do procedimento criminal ao procedimento contra-ordenacional.

- Assento n.º 1/2001 (DR, 1.ªS, de 20-4-2001) – "...*vale como data da apresentação da impugnação judicial a da efectivação do registo postal da remessa do respectivo requerimento à autoridade administrativa que tiver aplicado a coima...*"
- Jurisprudência n.º 6/2001 (DR, 1.ªS-A, de 30-3-2001) – Sobre a prescrição do procedimento nas contra-ordenações (contém elementos históricos).
- Assento n.º 2/2000 (DR, 1.ªS-A, de 7-2-2000) – O art. 150.º/1 do CPC (remessa dos articulados pelo correio e registo válido até ao último dia do prazo) é aplicável em processo penal por força do art. 4.º do CPP.
- Acórdão do STJ n.º 8/96 (DR, 1.ªS-A, de 2-11-1996) – Natureza da tolerância de ponto para efeito da contagem de prazos.
- Acórdão do STJ n.º 2/94, de 10-3-94, (DR, 1.ªS, de 7-5-1994) – Natureza não judicial do prazo previsto no art. 59.º/3 do RGCO.

Tribunal da Relação

- Acórdão da TRel de Lisboa, Proc 172/08.6 TTBRR.L1-4, de 3-6-2009 – Inexistência jurídica da Declaração de Rectificação (da Lei 7/2009) n.º 21/2009, *in* DR, 1.ªS, n.º 54, de 28-3-2009.
- Acórdão da TRel de Évora, Proc 2595/08-2-II, de 5-5-2009 – Inexistência jurídica da Declaração de Rectificação (da Lei 7/2009) n.º 21/2009, in DR, 1.ªS, n.º 54, de 28-3-2009.
- Acórdão da TRel de Évora, Proc 550/2008-3, de 22-4-2008 – Valor probatório do auto de notícia.
- Acórdão da TRel de Lisboa, Proc 5113/2006-4, de 4-10-2006 – Auto de advertência e poderes dos inspectores.
- Acórdão da TRel de Coimbra, Proc 666/05.TTTMR.C1, de 16-11-2006 – Pagamento voluntário da coima pelo mínimo.
- Acórdão da TRel de Coimbra, Proc 3989/04, de 23-2-2005 – Delegação de poderes.
- Acórdão da TRel do Porto, Proc 5696/04 de 28/2/2005 – Natureza do prazo de instrução.
- Acórdão da TRel de Lisboa, Proc 8504/2003-4, de 14-1-2004 – Reforma judicial da decisão administrativa.
- Acórdão da TRel de Lisboa, Proc 8760/2003-4, de 17-3-2004 – Extensão do processo de acusação contra-ordenacional.
- Ac TRel de Lisboa de 4-2-2004, *in* Colectânea de Jurisprudência, 2004 – I, 126 – Âmbito do recurso para a Relação.

- Acórdão da TRel de Coimbra, Proc 3875/03, de 15/4/2004 – Natureza aceleratória do prazo de instrução e aplicação no tempo do regime da prescrição.
- Acórdão da TRel de Lisboa, Proc 1947/2004-3, de 28-4-2004 – Elemento subjectivo da infracção.
- Acórdão da TRel de Évora, Proc 1194/04-3, de 8-6-2004 – Elemento subjectivo da contra-ordenação.
- Acórdão da TRel de Évora, Proc 1756/04-3, de 9-11-2004 – Responsabilidade por incumprimento do prazo de instrução.
- Acórdão da TRel de Lisboa, Proc 1298/2003-4, de 1-10-2003 – Controlo da competência material.
- Acórdão da TRel de Lisboa, Proc 5612/2003-3, de 3-12-2003 – Direitos do mandatário.
- Acórdão da TRel de Lisboa, Proc 00130725, de 4-1-2002 – Inadmissibilidade de recurso autónomo da decisão judicial pelas autoridades administrativas.
- Acórdão da TRel de Lisboa, Proc 0078791, de 15-1-2002 – Forma sumária de execução de coima.
- Acórdão da TRel de Lisboa, Proc 00102564, de 26-3-2002 – Pagamento voluntário e pagamento em prestações da coima.
- Acórdão da TRel de Lisboa, Proc 0049354, de 25-9-2002 – Impedimentos do autuante de instrução de processo de contra-ordenação.
- Acórdão da TRel do Porto, de 9-7-2001, in Colectânea de Jurisprudência, 2001, T. IV, p. 247 – Sobre a possibilidade de a Administração condenar por factos diferentes do auto de notícia. Só com a decisão tais factos se fixam.
- Acórdão do TRel de Coimbra, Proc 3562-2000, de 18-4-2001 – Fase jurisdicional do processo de contra-ordenação.
- Acórdão do TRel de Coimbra, Proc 439-2001, de 3-5-2001 – "... *O facto de o Delegado do IDICT que aplicou a coima não ter sido o autuante, e o facto de ter sido o mesmo delegado que confirmou esse auto, em nada colide com o princípio da imparcialidade a que a Administração se encontra vinculada, porquanto esse acto de confirmação não é uma participação, o que cabe aos inspectores de trabalho, mas apenas um acto administrativo que visa apurar a correcção legal desse auto...*"
- Acórdão do TRel de Coimbra de 15-3-2001, in Colectânea de Jurisprudência 2001, T II, p. 55: Extinção da sociedade infractora por fusão – "*Praticado um ilícito contra-ordenacional laboral por uma sociedade anónima, que, após aplicação duma coima pelo IDICT, se extinguiu, por meio de fusão, com a sua incorporação noutra sociedade anónima, esta última passa a ser responsável pelo pagamento de tal coima, se devida, já que, não obstante a extinção daquela primeira pessoa colectiva, não cessam nem o procedimento nem a responsabilidade contra-ordenacionais*".

- Acórdão do TRel de Coimbra, Proc 3330-2000, de 15-2-2001 – Delegação de poderes "...*Não existindo a possibilidade do recurso hierárquico, apenas podendo o acto ser atacado por via judicial, a indicação da delegação de poderes exigida pelo art. 38.º do CPA não é essencial, pois a sua falta não retira qualquer direito ou garantia ao administrado...*"
- Acórdão da TRel de Coimbra, Proc 1186/00, de 21-6-2000 – Sobre o direito de defesa.
- Acórdão da TRel de Lisboa, Proc 41953, de 27-9-2000 – Inadmissibilidade de recurso de despacho que devolve o processo à autoridade administrativa.
- Acórdão da TRel do Porto de 7-9-99, *in* Colectânea de Jurisprudência, 99, T. IV, p. 255 – "*O processo de contra-ordenação organizado pela autoridade administrativa competente tem natureza de documento autêntico e a sua força probatória só pode ser ilidida através do incidente da falsidade...*"
- Acórdão da TRel do Porto, Proc 9610912, de 4-6-1997 – Nomeação de defensor oficioso.

ÍNDICE REMISSIVO

Acção inspectiva
Comunicações entre autoridades administrativas – art. 62.º
Impedimentos – art. 16.º
Modo e lugar do cumprimento – art. 12.º
Procedimentos – art. 10.º

Actos processuais
Forma – art. 5.º

Admoestação
Admoestação judicial – art. 48.º

Assistentes
Legitimidade das associações sindicais – art. 23.º

Audiência de julgamento
Ausência do arguido – art. 43.º
Marcação – art. 40.º
Participação do arguido – art. 42.º
Participação da autoridade administrativa competente – art. 45.º
Participação do Ministério Público – art. 44.º

Auto de advertência
Condições de utilização e conteúdo – art. 10.º
Pagamento voluntário – art. 19.º

Auto de infracção
Condições de utilização e conteúdo – art. 14.º
Elementos – art. 15.º

Auto de notícia
Auto de notícia e participação – art. 13.º
Elementos – art. 15.º

Competência
Para o procedimento – art. 2.º
Para a decisão – art. 3.º
Regiões Autónomas – art. 63.º
Territorial – art. 4.º

Custas
Aplicação – art. 59.º

Decisão condenatória
Conteúdo – art. 25.º

Direito de defesa
Comunicações – cfr notificações
Resposta escrita ou comparência – art. 17.º e 18.º

Direito subsidiário
Remissão – art. 60.º

Impugnação judicial
Apresentação dos autos ao juiz – art. 37.º
Decisão de aplicação de coima – art. 32.º
Decisão judicial – art. 39.º
Efeitos – art. 35.º
Envio dos autos ao Ministério Público – art. 36.º
Forma e prazo – art. 33.º
Não-aceitação – art. 38.º
Prova – art. 47.º
Retirada da acusação – art. 41.º
Retirada da impugnação judicial – art. 46.º
Tribunal competente – art. 34.º

Notificações
Destinatários – art. 7.º e 9.º
Das infracções laborais – art. 17.º
Das infracções de segurança social – art. 18.º
Na pendência de processo – art. 9.º
No âmbito de procedimentos inspectivos – art. 11.º
Por carta registada – art. 8.º

Pagamento da coima
Voluntário – art. 19.º
Em prestações – art. 27.º
Cumprimento da obrigação devida – art. 61.º
Prazo – art. 25.º

Pagamento voluntário
Prazo – art. 19.º
Efeitos – art. 19.º

Participação
Auto de notícia e participação – art. 13.º
Elementos – art. 15.º

Poderes de autoridade
Dos inspectores – art. 10.º

Prazos
Contagem – art. 6.º
Impugnação judicial – art. 33.º
Instrução – art. 24.º
Pagamento voluntário – art. 19.º
Processo especial – art. 29.º

Prescrição do procedimento
Extinção – art. 52.º
Interrupção – art. 54.º
Suspensão – art. 53.º

Prescrição da coima
Interrupção – art. 57.º
Prazo – art. 55.º
Suspensão – art. 56.º

Prescrição das sanções acessórias
Remissão – art. 58.º

Processo especial
Âmbito – art. 28.º
Efeitos do cumprimento – art. 31.º
Procedimento – art. 29.º
Redução da coima – art. 30.º

Responsabilidade solidária
Remissão – art. 20.º

Recurso jurisdicional
Âmbito e efeitos – art. 51.º
Decisões judiciais que admitem recurso – art. 49.º
Regime – art. 50.º

Testemunhas
Indicação, apresentação e depoimento – art. 21.º
Adiamento da inquirição – art. 22.º

Título executivo
Decisão condenatória – art. 26.º